國際航空
業務與票務
International Airlines & Ticketing

張瑞奇◎著

國際航空
業務與票務

張瑞奇◎著

序

　　航空及電腦科技縮短兩地之間的距離，也加速觀光旅遊的發展與休閒品質。航空工業受到電腦科技之衝擊尤甚，它促使航空飛行提供更捷便、舒適的交通服務，也提供人類更多旅遊選擇機會，讓我們深入與體驗許多陌生的世界、教育自己、開拓視野、學習接納不同文化，讓自己更具有世界觀。

　　台灣四面環海，對外交通以航空運輸為主，隨著人們出國頻率的增加，航空與票務知識也逐漸與我們生活不可分離，相信在未來對此學科了解的需求將會增加。對旅遊專業人員而言，航空運輸與票務這一門知識，不可不知。由於機票規定細節繁多，票務人員及領隊服務人員的小小錯誤，可能使旅客遭受巨大的損失。從事旅遊業者必須小心謹慎，熟知機票特性及限制條件、城市地理位置、機場代號、飛機特性、飛機及機場相關服務與規定，以確保旅客安全。

　　《國際航空業務與票務》這本書提供初學者基本航空運輸概念以及與機票相關之基礎認識。本書內容參考國內學者專家著作、航空相關訓練教材及國外參考資料，結合理論與實務。為了讓學習者能學以致用，書中盡可能提供英文專有名詞及中文解釋，讓學習者能具備實務基礎，充分了解如何實際運用並與國際旅遊接軌。

張瑞奇

謹致於靜宜大學 2007/08

目　錄

第一篇

航空業務

第一章
航空概論

* 我國民航主管機關及航空公司設立條件

* 航空業的分類

* 航空事業職務簡介

* 空運的特性及需求

民航局是我國負責民航運輸的主管機關;航空公司的經營可分為數種,其中以定期航線業務最受各國重視;航空事業的職務可分為空勤及地勤,其光鮮的外表及可遨翔世界各地的機會,吸引著許多年輕人追求;空運產品有許多特性,其消逝性之特質與一般產品有相當大的差異。

第一節　我國民航主管機關及航空公司設立條件

運輸可分為陸上運輸、海上運輸及空中運輸。空中運輸即是利用各種空中運輸工具,將人及貨物由一地運送到另一地,它克服了陸上及海上運輸所無法完成的缺點。空中運輸以航空器及機場為主軸,航空器包括氣球、飛船、飛機及其他能飛航於空中的運輸工具。空中飛行、地面管制均須有主管機關負責,我國負責民航運輸的主管機關是民航局。

一、我國民航主管機關

(一)民航局組織

民航局設企劃、空運、飛航標準、飛航管制、助航、場站、供應等七組,以及資訊、政風、人事、會計、秘書五室。

民航局附屬機構包括:桃園中正國際航空站、高雄國際航空站、台北、台東、馬公、台中、嘉義、台南、金門、蘭嶼、綠島、七美、望安、南竿、北竿、屏東、恆春及花蓮等航空站,以及飛航服務總台、技術人員訓練所,分掌航站管理、飛航服務與訓練、機

場興建及空運貨物等業務。另有航空警察局、航空醫務中心、財團法人航空器設計製造適航驗證中心為附屬監督管理機構。

(二)民航局主要職掌

民航局主要職掌的業務包括下列各項：

1.民航事業之規劃與政策之擬訂。

2.國際民航營運計畫。

3.國際民航組織及合作之聯繫、協商與推動。

4.民航運輸業之管理督導。

5.飛航標準之釐訂。

6.飛行安全之策劃督導。

7.航空技術人員之培育與訓練。

8.航空通訊、氣象及飛航管制規劃、督導與查核。

9.民航場站及助航設施之規劃建設。

10.軍民航管之空域運用及助航設施之協調聯繫。

11.民航設施航空器材之籌備、供應及管理。

12.出入境證照之審核。

二、航空公司設立條件

經營民用航空運輸業者，應向民航局申請轉交通部核准，如營業項目包括國際運送業務者，並應先向海關辦理登記。根據我國交通部發布之「民用航空運輸業管理規則」（民航法），將民用航空運輸分為甲（國際航線）、乙（國內航線）兩種，並有別於「普遍航空運輸業」。普遍航空運輸業乃指經營航空客貨、郵件運輸以外之航空事業，其範圍包括農、林、漁、礦、水電、照測、狩獵、

消防、搜救、教練、跳傘、拖吊、遊覽及其他經專案核准之營業性
飛行。

(一)民用航空申請資格

申請經營民用航空運輸業之固定翼航空器運輸業務，應具備
下列資格之一：

1. 公司設立五年以上，公司財務及組織健全，董事長及董事三
   分之二以上為中華民國國民，公司資本三分之二以上為中華
   民國國民所有，最近三年未曾發生財務或股權糾紛致影響公
   司正常營運，每年營業收入達新台幣六十億元以上者，得申
   請經營國內航線定期或不定期航空運輸業務。
2. 經營國內航線民用航空運輸業，公司財務及組織健全，最近
   三年未曾發生財務或股權糾紛致影響公司正常營運，且最近
   三年承運旅客人數累計達九十萬人次以上，未曾發生重大
   飛安事故，具有第二級以上維護能力及足夠之合格航空人員
   者，得申請經營國際航線包機業務。
3. 經營國際航線包機業務二年以上，公司財務、維修及航務組
   織制度健全，最近二年未曾發生財務或股權糾紛致影響公司
   正常營運，每年經營達六十架次以上，最近二年未曾發生重
   大飛安事故，具有第二級以上維護能力及足夠之合格航空人
   員者，得申請經營國際航線定期或不定期航空運輸業務。
4. 經營國際運輸或國際貿易業務五年以上，公司財務及組織健
   全，董事長及董事三分之二以上為中華民國國民，公司資本
   三分之二以上為中華民國國民所有，且最近三年未曾發生財
   務或股權糾紛致影響公司正常營運，每年營業收入達新台幣
   六十億元以上者，得申請經營國際航線定期或不定期貨運業

務；其達新台幣一百億元以上者，得申請經營國際航線定期
或不定期航空運輸業務。

(二)民用航空實收資本額

申請經營民用航空運輸業在實收資本額方面有下列規定：

1. 經營國際航線定期或不定期航空運輸業務者，實收資本額不
得低於新台幣二十億元。
2. 經營國際航線包機運輸業務者，實收資本額不得低於新台幣
十億元。
3. 經營國內航線定期或不定期航空運輸業務者，實收資本額不
得低於新台幣五億元。
4. 以固定翼航空器經營國內離島偏遠航線定期或不定期航空運
輸業務者，實收資本額不得低於新臺幣二億五千萬元。
5. 以直昇機經營國內航線定期或不定期航空運輸業務者，實收
資本額不得低於新台幣二億五千萬元。
6. 航空貨運承攬業實收資本額不得低於新台幣五百萬元。

第二節　航空業的分類

航空業大致可以經營項目、經營區域及經營方式三個面向來
涵蓋其業務範圍，本節將詳述其內涵。

一、以經營項目區分

航空公司依照經營的項目可分為客運及貨運，絕大多數的航

空公司以經營客運為主，或者客運與貨運同時經營，只有少部分航空公司專營貨運，例如美國之聯邦快遞最為有名，貨物運輸網遍及世界各地，為全球最大的快遞公司。

二、以經營區域區分

以經營區域不同來區分，可分為離島航線、國內航線、國際航線；所謂「離島航線」乃指一國疆域內飛行本島至離島或離島之間的航線，例如我國之台灣航空公司、美國之阿囉哈航空公司；「國內航線」指一國疆域內各城市之間的航線，至於「國際航線」則飛行於不同國籍領土之間。

三、以經營方式區分

以經營方式不同來區分，可分為航空貨運、包機航空運輸、不定期航空運輸及定期航空運輸，全世界的航空公司仍以定期航線業務為主。茲詳述如下：

(一)航空貨運

航空貨運以往只是航空業附屬業務，如今有不少航空公司專營貨運，如聯邦快遞及Flying Tiger均有不錯的利潤。有些航空公司使用客貨兩用飛機運送貨品，有些用貨運專用機運送，如747廣體貨機一次運送量大，其運送方式與客運一人一個位子極為不同，並只限單程運輸。貨品大小體積相差甚大，由小包裹到數千公斤貨品，性質也很不同，有些須特別保護或包裝，有些須存放於冷凍櫃。其計價方式以越大件，平均每公斤單價越低，此外，貨物運抵

速度越快費用也越高。航空貨運經常是透過貨運代理商承辦，此計費方式給貨運代理商一個經營的好機會——向航空公司以低價承租一個大體積的固定櫃子，再將各小單位貨品集中於櫃子運送，以賺取每公斤差價。

航空貨運費率除了有貨櫃費率、貨運代理商費率外，一般可分為三種：

1. 一般貨品費率：依照重量等級收費，不因貨品不同而收費不同。
2. 特別貨品費率：依貨品類別不同及需求收取不同費率，並應用於特定路線，也依照重量等級收費。
3. 例外費率：收費較一般貨品費率高，如需要特別照顧的動物或保護的貴重物品。

(二)包機航空運輸

包機航空公司最主要是順應顧客的特殊需求而興起，可以不拘搭機時間、搭乘人數，只要能飛的航線，均可以提供服務，它比定期航空彈性大、價格低、受約束少，容易滿足特殊團體旅客之需求，最適合假日及度假地區的市場，但缺點是座椅較小，座位之間的距離也縮短，機上服務不如定期航線。

包機航空公司的經營可分為兩方面：

1. 由數家旅行社或團體包機，風險自理。
2. 由包機公司自行規劃路線先行試飛，風險由航空公司承擔，營運到達一定量後，再申請為定期包機或定期航班。包機業務對定期航線造成很大的威脅，尤其是在歐洲地區經營得很成功，且逐漸擴及到海外度假市場，其中以北歐到地中海地

區度假包機成長最大。

包機航空在經營方面的優勢如下：

1.由於不是國際航空運輸協會的會員，不受有關票價及運輸的條件限制。
2.其運輸對象是團體旅客或特定單位，業務較定期航空單純。
3.不管乘客多寡，按照特定租金收費，營運上的虧損風險由承租人負擔。
4.依照承租人與包機公司契約，約定其航線及時間，並無定期航空公司的固定航線及固定起降時間之約束。

我國航空公司經營不少國際包機，以東南亞居多，同時也創造了固定班機市場，如蘇比克航線成功轉行為遠東航空固定航班。我國民航局對包機管制逐漸寬鬆，只要申請航線不與定期航線重疊，在預計起飛前十五個工作天，檢附申請書及包機合約副本，向民航局空運組提出申請，都會獲准。有趣的是在民航局寬待下，台灣現在許多包機航線都變成變相的定期性航班。

(三)不定期航空運輸

指除了定期航空運輸業務以外之加班機及其他運輸。航空公司為了因應市場需求或配合政府政策，有時會在特殊狀況下增派飛機，如旺季時增派加班機以紓解大量湧入的旅客，或者因戰爭及人道因素臨時加開之班機。

(四)定期航空運輸

定期航空公司無論乘載量多少，必須定時提供空中運輸的服

務，且須在取得飛行服務的地區或國家的政府許可後，才得簽合約取得航權，採固定航線、固定班次方式飛行，可分為國營及私營定期航空。國營航空公司須考量政治利益及社會服務，私營航空的股東則關心營利能力及投資報酬率。為了因應市場的變化，也有航空公司使用短距離往返（Shuttle）的飛行方式，在商業交通繁忙的兩地經營定期班機服務；旅客不需事先訂位，但一定保證有位子，隨時有加班機可以載運增多的旅客。這種Shuttle的服務最早出現在1960年代的美國，英國在1975年即在倫敦和格拉斯哥實施，美國西岸的大城舊金山與洛杉磯也有Shuttle的服務。

◆定期航空運輸的特質

　　經營定期航線的特質為：

1. 必須遵守按時出發、按時抵達所飛行的固定航線的義務，絕不能因為乘客少而停飛，或因無乘客上、下機而過站不停。
2. 大部分的國際定期航空公司，均加入國際航空運輸協會的組織，即使未加入亦能遵守IATA所制定的票價和運輸條件。
3. 除美國外，大多數國際定期航空公司為政府出資經營，公共事業特質較濃厚。
4. 由於航點多、航線不同，旅客須涉及換機、轉機之問題，故其運務較為複雜。

◆定期航空公司之單位及相關業務

　　無論國內外航空公司，除了飛行離島航線、小型航空公司外，其組織結構大致如下：

1. 市區辦公室：業務部、訂位組、票務部、旅遊部、總務部、貨物部及公關。
2. 機場：客運部、貨運部、貴賓室、維修部、空中廚房。

各單位之業務內容如下：

1.業務部（Sales/Marketing & Service）：包括訂定營業配額，監控及評估航線營運績效及年度營運規劃，擬定價格策略並訂定市場價格、銷售獎勵等，規劃行銷通路與管理機位配銷（如機票銷售、旅行社信用額度之設定），處理旅客申訴事宜，研擬廣告推廣方針等事宜。

2.訂位組（Reservation）：團體及個別訂位、飛機起飛前機位管制等。

3.票務組：機票訂位、開票、改票、退票等。

4.旅遊部：旅行行程安排、團體旅遊、簽證代辦等。

5.總務部：營收、報稅、薪資、人事等。

6.貨物部：貨運承攬、裝運、保險等。

7.公關（Public Relations）：業務職掌分為對內公關及對外公關兩部分。前者可利用內部刊物（如Newsletter），達到所有員工對公司的政策走向及各項訊息有更清楚的了解。後者包括發表新聞稿（News Release）給媒體，與各媒體記者保持良好互動。

8.客運部：含報到櫃檯（Check-in Counter）、登機門（Boarding Gate）及行李遺失（Lost & Found）等單位。

　(1)報到櫃檯：負責處理旅客機場報到的各項相關手續、辦理登機手續、劃位、行李承收、臨時訂位、開票、緊急事件處理。

　(2)登機門：負責在候機室提供旅客相關服務。

　(3)行李遺失：航空公司行李組為負責尋找旅客遺失行李的單位。

9.機場貨運部：負責航空貨運裝載、卸運、行李運輸、動植物

檢疫等。

10.貴賓室（V.I.P. Lounge）：貴賓室主要是在登機前或過境轉機時，提供頭等及商務艙旅客休息的處所。

11.維修部：飛機安全、零件補給等。

12.空中廚房：指機上餐點之供應，在台灣的空廚市場中，目前有三家較具規模的空廚公司：華膳空廚、長榮空廚、復興空廚，在市場上各占有55%、30%、15%的市場比率。華膳空廚目前是台灣最具規模的空廚。

1981年，美國的民用航空局爲了資料分類，放棄以經營區域區分方式，開使採用營業收入多寡方式來區隔航空業。根據此系統，每年營業收入超過十億美金稱爲主要航空公司，收入在十億與一億美金之間稱爲全國性航空公司，收入在一億與一千萬美金之間稱。所謂全國性航空公司及地區性航空公司並非指飛行於一國家內或一特定區域的航空公司。

第三節　航空事業職務簡介

航空服務業的工作繁雜，需要各式各樣的人才服務旅客，台灣隨著社會的需求，相繼與國外通航，再加上國內開放天空政策，新的航空公司紛紛成立，使得台灣的航空事業呈現高幅度成長，無論國外或國內航空均求才殷切，對空勤及地勤人員的需求日益增多，一家大型的航空公司成立需上千名員工來服務，以美國西北航空爲例，目前就僱請四萬七千多名員工。

航空事業的職務可分爲兩大類：空勤人員及地勤人員。空勤人員包括操作飛機的人員及在機上提供服務的人員，地勤人員則包

括那些使飛機保持能飛狀況及安排旅客上機的人員。

一、空勤人員

(一)駕駛艙人員

已往飛機駕駛艙通常有三個人，包括：(1)機長：負責開飛機，指揮所有機上人員；(2)副機長：規劃飛行路線，計算飛行時間等；(3)飛行工程師：負責飛機起飛前及降落後的儀器檢查及飛行中的儀器作業。新的機種如B747、B777有自動化設備，只需二位人員操作，因此就不需要飛行工程師了，我國民航機師的來源許多是由空軍退役，本身具有豐富的飛行經驗，或者由外國聘請具有豐富飛行經驗的機師，尤其是正機師。近來我國籍的航空公司也積極自我培訓，由民間應徵，然後送到國外接受飛行訓練，如華航將培訓人員送到美國的北達科塔州受訓。

一位機師培訓不易，尤其是大型飛機的機師，至少需有一千五百小時的飛行經驗，往往要花上一、二十年的時間才能升到正機師，同時還要保持良好的身體狀況，每半年需作一次例行的身體檢查，還需接受各項考核，以確保機師的身心狀況良好，以目前的航空市場狀況，機師的職位是被看好的，由於各家航空公司都在增加機隊，對機師的需求量大，未來女性機師也會出現。

(二)機艙人員

機艙內的服務人員依飛機的大小及頭等艙、商務艙的座位數而有不同，一架飛機可能有高達十六位的空服員，其中有一位是座艙長，負責機艙內的空服員工作安排及指揮調度。他們提供機內餐

飲、安全、醫療等服務，由於與旅客面對面接觸，最能代表公司的形象，因此個人的服裝儀容、應對進退的禮儀非常重要。以中華航空為例，在招考空服員時除了要求身高、儀態及英文能力外，女性於應試時必須穿短袖上衣及短裙，以確保沒有疤痕或刺青，並確認空服員的儀態讓旅客看起來舒服。我國的空服員俗稱空中小姐或空中少爺，頗受年輕人歡迎，但市場需求以年輕女性居多，美國、澳洲的航空公司所聘請的空服員不再以年輕女性為主，有許多是年長或已婚的女性，又稱飛行媽媽。在沒有加入勞工組織的航空公司裡，空服員也需負責地勤人員的工作。

空服員的工作性質由初創期至今日有許多改變，在1930年聯合航空首先僱請八位有執照的護士充當空中服務員，在空中值勤時她們穿白色衣服照顧旅客，並得時時注意旅客去洗手間時不會誤將逃生門打開，或將未熄滅的菸蒂掉出機外；在地面上時，空中服務員改穿綠色毛織的斜紋制服，頭戴扁圓柔軟羊毛小帽，幫忙下行李、清潔飛機、加油，甚至於有時候得幫助駕駛員推飛機進入機庫。

雖然大多數人承認空中服務員只是外表光鮮、讓人崇拜的服務員，但其職務卻吸引許多人追求，根據東方航空公司的說法，每一個職務空缺時約有八十人來申請，可見早期在美國空服員的工作很受年輕人嚮往。至今在亞洲，空服員的工作一樣受年輕人青睞，中華航空於2001年2月招考二百名空服員，結果吸引五千二百名男女報名，錄取率只有3.8%，因為這工作使他們有機會接近社會菁英及經濟富裕者，事實上的確有許多空服員嫁給有錢人。

但此行業也有不少缺點，長時間飛行由於時差關係，影響身體健康，對女性而言，由於常處於減壓的機艙中，對皮膚、生理狀況均有影響。同時又須面對飛機一旦失事時高死亡率之心理威脅，因此空服員的流動率也不小，平均每年離職率約7%～8%（以中華航空為例），於空難發生率高的年度，離職率也相對提高不少。國

內空服人員的平均年齡約二十七至二十八歲,平均服務年限約五年。

　　隨著航空市場的競爭壓力,航空公司對空服員的服務能力要求增加,訓練趨向嚴格,其中以亞洲籍的航空公司表現最好,其訓練項目如:國泰航空要求空服員每天須練習凝視別人的眼神十分鐘,新加坡航空的空服員則學習以微笑、謙順、和氣的態度對待旅客。在各家航空公司競相提高艙內服務品質的壓力下,空服員不但須扮演酒保的角色,工作也變得吃重,忙著在飛機降落前服侍所有的旅客用完餐點,甚至販賣免稅品。

　　初期的女空服員受到歧視待遇,一旦結婚或懷孕將被迫辭職,工作權不受保障,因此空服員大部分加入勞工組織以保障薪資及工作權。1971年,泛美航空因為拒絕接受男性申請成為空服員而被告,自此以後許多大型航空公司開始聘請男性空服員,但目前男性空服員仍屬少數。

　　開放天空、市場自由競爭後,有更多的航空公司進入空運市場營運,機票價格下跌,航空公司利潤減少,為了維持競爭能力,只好減薪及減少機上服務人員,雖然此舉引起旅客抱怨服務品質降低,空服員以罷工方式來爭取福利,但成效不彰,畢竟航空市場已不再如往昔的風光榮耀。茲將空服人員的待遇、福利、報考資格與條件、招考流程等,詳述如**表1-1**。

二、地勤人員

(一)訂位、票務人員

　　旅客或旅行社最先接觸的是接受訂位的工作人員,他們回答

表1-1　報考空服人員

待遇	約五至十二萬元台幣（含飛行超時）
一般福利	1.醫療保險。 2.免費機票、親屬同享優惠機票。 3.年假、年終獎金、紅利。 4.優惠退休制度或轉任地勤。 5.語言培訓、月休約十五日。
招考對象	應屆畢業、高專上不限科系、未婚、男需役畢或免役。（男女皆需親和力佳、英語略通） 男：身高165公分以上。 女：身高157.5公分以上。
招考流程	1.通訊報名：中、英歷照傳。 2.資格審查：身分證、畢業證書、退伍令或免役證明。 3.儀容評審：男——西裝領帶；女——正式套裝。 4.筆試：英文、專業知識、航空概念、適職測驗。 5.面試：航空概念、專業知識、英語應對、儀態。 6.體檢：身高、體重、視力，各航空公司規定不同。

旅客有關飛行班次、空位及訂位事宜，同時也接受旅客開立機票，隨著航空公司訂位系統的電腦化，訂位、票務人員更顯專業，但人員也在減少中，漸為旅行社所取代，他們絕大部分工作地點在市區的辦公室。

訂位組除了主管之外，一般尚含：

1.訂位Agent：接受訂位。

2.Queue Agent：專與外站辦公室聯絡處理機位事宜，如追蹤機位。

3.團體Agent：負責團體訂位。

4.Departure Control：飛機起飛前機位管制。

5.Telex Handle：如旅館之代訂。

票務組除了主管之外，尚含：

1.個別客人票務服務與開票。
2.旅行社個人開票。
3.旅行社團體開票。
4.會計。
5.出納。
6.退票。

(二)業務人員

業務人員主要負責機位之銷售及相關事宜，例如：旅行社之年度訂位、業績獎金之協議、機位之授權代理、旅行社信用額度之擬定、優待票之申請以及個別客戶之臨時訂位。

(三)機場運務人員

主要工作地點在機場內。辦理登記劃位人員之工作範圍包括販售機票、處理旅客登記、行李托運、宣布飛機起降及登機門的登機服務；至於旅客服務人員則協助旅客的特別需求，如殘障及單獨旅行的小孩，以及處理旅客行李遺失事宜；至於行李搬運人員則負責將旅客行李送上旅客搭乘的飛機。

(四)維修人員

可分為航空公司的機務維修人員及機場當局負責機場維護的人員，航空公司的維修人員負責飛機安全的檢修、零件補給、載重調配等。

第四節　空運的特性及需求

　　空中運輸由於性質特殊，運輸功能較易受限，其產品也較複雜，需求與供給易受經濟景氣及政治影響，其產品特性可歸納為以下各項：

(一)抽象性

　　航空運輸所提供的產品非常抽象且種類繁多，顧客在購買前無法看到，也不能試用，只能假設一切服務在正常運行下得到滿足，如果產品缺貨或有瑕疵，也無法退貨或換貨。

(二)不安定性

　　貨品製造商在正常條件下雖然可暫時確保產品的安全，但卻無法保證產品永久的安全，由於航空公司飛行受政治因素、天候變化、人為操作、機械運作、機身結構及儀器操控等不確定因素影響，雖然其意外事件比率不如其他交通工具高，但一旦發生意外，人員存活率低，死傷人數非常高，對搭乘飛機的旅客形成強大的壓力，不少人會產生所謂的「搭機恐懼症」或「密閉空間恐懼症」。

(三)消逝性

　　航空產品不像一般產品可以保存或儲存。當航空產品一旦製造，就必須按照製造時間同時去消費，若班機中的座位沒有賣出，就永遠無法賣出，形同損失，所以損益平衡點及平均載客率是每一條航線的經濟性評估重點，以確保這條航線沒有座位過剩或不足的

現象發生。

(四)勞務密集性

航空產品有服務業的特性，必須提供大量的人力以滿足旅客的需求。其產品特別重視人的品質及訓練，旅客由買機票、辦登機、機上餐飲享用到抵達後行李之領取，均需良好及密集的人力服務，其中任何一個環節脫落，馬上會造成顧客的抱怨。

(五)嚴控性

安全是空運的最高指導原則。在飛航中，只要有微小的失誤都可能造成重大生命及財產的損失，所以任何國家對其航空公司的核准及監控非常嚴格，航空公司及飛機製造商為自己利益考量，對安全措施也有很高的要求，駕駛員在操控飛機時必須完全依照飛行安全檢查及程序小心操作，飛行員也必須定期接受身體檢查，以確保身體狀況良好。

(六)價格彈性

航空公司的成本以固定成本為主，加上少量的變動成本。固定成本含人事費、飛機折舊費、管銷成本、燃料成本、機場租金、起降費。變動成本含每增加一位旅客所產生之邊際成本，如旅行社佣金。航空公司必須試圖將所有機位賣出以降低總成本，乃利用折價來吸引不同背景的消費者及提早購票者，同時，空運產品季節分明，淡旺季明顯，業者不能坐以待斃，價格一致，須提出有效率方案，將產品劃分，針對市場機能，將產品價格作彈性調整，以低價促銷淡季機位，在旺季漲價以彌補淡季的虧損。

(七)季節性

　　航空的需求受到時間季節影響，很難有高平均的載運率，定期航線以固定假日、春節期間及七、八、九月為旅遊旺季。在每週的七天中，因國情不同，需求也各有不同；在商務旅行盛行的地區，以週一至週五的需求最盛，週末及週日反而少；在度假地區的航線正好相反，度假的旅客以週末為度假旺季，機位反而難求，至於每日的需求，以早晚為多。航空公司基於服務原則、大眾利益以及社會要求，仍須於淡季時段提供定期班機，雖然不符合經濟效益，但政府相對地也會核准航空公司提出較高的票價。

(八)難以取代性

　　距離越近，旅客改搭其他交通工具的機會越高，但距離遠，則非空運莫屬。空運講究時效、快速，距離遠已不再是阻礙旅行之問題，空中交通可將任何人或物送到地球的任一角落，使地球的面積變小，國與國之間的疆界消失，人與人的接觸增加，雖然通訊科技的進步可讓人類藉由電子傳訊面對面洽談，但仍無法降低人員空中交通的需求，也非速度緩慢的陸上、海上交通所能取代。

(九)供應僵硬性

　　航空公司所提供定期航線的數量不具彈性，即使訂位人數不多時，仍有義務按時飛行，不得和別家航空公司合併或使用小型飛機。在旺季時，對需求量的大增調整能力差，主要因為飛機的載運量僵化，在短時間較難改變；換機型增加座位會造成機隊的調整困難及機場設備的不足，如跑道長度太短；增加飛行班次則找不到起降空間及時段讓飛機起降。

　　經營國際航空交通有其經濟及政治考量，各國政府在提供國際空中交通服務時有其既定方針與目標，但此方針與目標須外國政府及其航空公司的同意，因此往往會因彼此利益而有所衝突，如我國與菲律賓之間因各自之堅持招致終止互飛。以下是經營國際航空考量因素：

1.可贏得自尊並增加國家尊嚴。

2.對落後國家而言，可帶動國際貿易、觀光旅遊及投資開發。

3.可藉此加強與他國之政治聯繫，拓展外交關係，如以往歐洲國家與其殖民國之維繫、李登輝總統時期台灣藉長榮航空與巴拿馬之維繫。

4.國營航空的營收可幫助外匯收入，尤其是一些小的國家，例如荷蘭。

5.可藉此發展航空製造業並向他國輸出，例如美、英及前蘇聯。

6.必要時可協助軍事發展及國家緊急運輸。

7.提供雙邊協定，國與國間空中往來運輸需求。

第二章
航空組織與航空運輸之認識

* 航空運輸組織

* 解除航空市場管制開放天空

* 空中航線、航權與航空運輸區域

　　國際航空運輸協會（IATA）是航空運輸組織中最重要的機構，有許多重要貢獻，由於航空市場的變化，其功能雖迭遭質疑，但仍被各國遵行，同性質的Airline Reporting Corporation（ARC）則是美國國內航空公司重要組織，其影響力只限於美洲。開放天空政策由美國率先實施，衝擊到世界各國的航空政策，無論大型的或小型的航空公司均受其影響；空中航線與航權的開放使得航空公司的經營空間擴大，也加速了國與國之間的交流。

第一節　航空運輸組織

　　為了促進國際間旅遊之發展，不同類型之航空運輸組織相繼出現，其中，國際航空運輸協會、ARC及國際民航組織（International Civil Aviation Organization, ICAO）對國際航空運輸市場有相當大的影響。

一、國際航空運輸協會

　　國際航空運輸協會（International Air Transport Association, IATA）原創於1919年，由一群歐洲的航空業者所組成，1945年重新改組，其功能有如美國之航空組織ARC，主要功能是簡化及統一國際航空交通運輸及與之相關事宜。這是個世界性的商業航空組織，以航空公司為其主要會員，會員可分為正式會員及準會員；正式會員以經營國際航線之航空公司參加，準會員則以經營各國國內定期航線之航空公司參加。目前全世界約有二百家航空公司加入，是世界上最重要的國際航空組織，總部設在加拿大的蒙特婁市，該組織基本上由歐洲會員所掌控。

　　IATA的其他功能包括：建立飛航安全標準、飛行時間班次、旅客行李處理、運費之擬定與相關規則之設定、協調聯合運輸、統一飛航設施等，而IATA所設計的機票是一種標準格式，適用於各家航空公司使用的機票已廣受歡迎，大幅地簡化開票手續。

　　IATA的影響不限於其會員，許多非會員之航空公司亦接受其指導並遵守其規定，IATA雖是私人組織，但有一半的會員都是國營航空公司，運作起來卻有官方機構的特性，許多航空公司都與之有合作關係。此外，世界上有許多旅行社亦接受IATA的認證，並因此而得以被授權販賣及發行機票；航空公司無法在全球各地建立直售點，必須依賴旅行社代理銷售，IATA為了使其會員航空公司與旅行社交易規則化，特別建立一個國際航空運輸協會認可之旅行社代售機票計畫，訂立經認可之旅行社應具備的資格，讓IATA會員航空公司與旅行社間之交易更有效率。IATA為了便利清帳，在倫敦設有IATA清帳所，旅行社每半個月將所銷售之機票結帳一次。

二、Airline Reporting Corporation

　　ARC就如同IATA，成立於1984年，是美國國內航空公司組織，該組織的成立主要在建立美國國內航空交通標準的空中運輸規則與機票銷售制度，該組織會員包含航空公司與旅行代理店。ARC的功能包括：

1.針對販售機票業務之旅行代理店，建立一標準工作要求。
2.替有代理販售機票之旅行代理店，印製、分配並維持基本機票庫存量。
3.針對訂位、計算票價及開立機票，建立一套標準工作程序。
4.扮演清帳中心的角色，透過地區性Settlement Plan之運作，

旅行代理店每星期結帳一次。

三、國際民航組織

另一個重要的航空組織名為「國際民航組織」（International Civil Aviation Organisation, ICAO），1944年在芝加哥成立。它是聯合國的附屬機構，官方的國際組織，主要目的在建立一套國際標準航空設施以及訓練、計畫、操作程序，同時舉辦會議協助解決會員間的爭議，其職責包括：(1)發展航空導航的規則和技術；(2)預測和規劃國際航空運輸的發展以保證航空安全和有序發展；(3)制定各種航空標準以及程序的機構，以保證各地民航運作的一致性；(4)制定航空事故調查規範，這些規範被所有國際民航組織的成員國之民航管理機構所遵守。

國際民航組織的總部在加拿大的蒙特利爾。目前約有一百五十五個會員國。該組織希望在2010年時，全世界各國都能使用機器辨識的電子護照，一方面可以縮短旅客登機時間，一方面亦可防止恐怖分子攻擊。

第二節　解除航空市場管制開放天空

航空市場的發展與政府的政策有密切關係，其中影響航空市場最深遠的莫過於航空公司解除管制開放天空的政策。

一、解除管制開放天空的爭執

解除管制開放天空（Deregulation）的精神在於市場的自由進

出及票價的自由化，政府減少干預。1978年，美國國會通過解除航空公司管制法案，美國國內市場遭到巨大衝擊。開放天空、解除航空公司管制的政策也影響到世界各國，雖然許多國家為了本身利益仍採取保護政策，但許多航空公司卻認為法令所提供的保護反而阻礙了經營效率，它們希望政府能減少法令對航空事業的干擾，讓市場自由化。於是在美國採行開放政策十年之後，世界各國才紛紛效尤，歐洲於1992年，澳洲於1991年，台灣也於1987年實施。

　　此開放政策支持與反對者皆有，部分國家仍對此政策採取審慎態度，乃因航空運輸有以下數點特性，政府不能加以保護，因而影響到空中市場自由化的腳步。

1. 航空運輸被視為有關國家利益及國家形象：世界各國除了美國的航空公司全為民營外，其他國家的主要航空公司不是國營就是私有化後仍有官股在內，接受國家補助，因此政府要有法令來管理及保護這些航空公司，以保障其獲利性與獨占性。此外藉由空中迅速的運輸功能，政府可有效的拓展外交或執行公家事務，建立國家在國際上良好的形象。

2. 飛航安全的考量：設立航空公司必須有雄厚的資金，政府擔心一般民間企業財力不足以維護飛航的安全標準，政府限制競爭，提供原有業者穩定的經營環境，維持獲利能力，使業者能遵守安全法規。

3. 公共運輸需要：航空運輸有公共服務之責任，以協助人民行的需要，在政府保護、支持下，可讓航空公司以較低的價格對部分民眾提供可靠的空中運輸，尤其是對偏遠地區，政府可以補貼方式來彌補其經營虧損。

　　儘管在保護本國產業的政策下，許多國家不願開放天空，但隨著市場的需求增加及國與國間利益交換，開放天空也有許多好

處：

1. 航空業者有自由發展的空間，增加經營上的效率，在競爭壓力下，不得不求新求變，提升服務品質。

2. 航線、航點及飛行頻率增加。航線遽增，提供非大都會地區的航空交通；飛行頻率的增加，除了增加較好的到、離時段外，也可以低價鼓勵民眾使用較差的時段，達到營運及紓解交通擁擠的問題。

3. 機票價格降低帶動觀光市場。旅客有較好的機會買到低價的機票進而帶動空中交通，促進商業往來，對觀光客而言也是一大福音，尤其是許多國家的外匯收入是依靠外國觀光客，價廉的機票往往可以吸引許多外國觀光客前來消費。

4. 新的航空公司加入經營，創造出許多小型航空公司，帶動商業契機，增加就業機會。

二、競爭使價格下降

價格競爭是開放天空必然的結果，最大的受惠者是消費者。業者明知如此會降低獲利但也有其因應之道。由於競爭者可以自由進出航空市場，為了減少競爭者進入市場的威脅，將航線的票價訂得比成本稍高一點，使其他航空公司因無高利潤的誘因而打退堂鼓，如此在價格降低的情況下，可刺激更多需求，利潤雖然不高但可因需求量的增加而穩定成長，業者在提高價格行不通的情形下，只好朝降低成本方面努力，反而使得經營更有效率。

價格戰一旦開打，很難再將價格回漲。在數家航空公司經營的市場，一航空公司若將票價提高，甚少競爭者會跟進，其市場占有率將因此而下跌，除非是旺季，供不應求，否則不會漲價；但是

若有一家航空公司降低票價，其他競爭者勢必跟進，以維持市場占有率，此時整個市場價格會全面下降，率先降價者之市場占有率僅會稍微上揚，並未有太大好處，日後除非聯合漲價，否則市場價格很難回到原有水準，所有航空公司均受其害，因此一般業者也不願以價格爲競爭手段，而以增加服務、提供非價格之優惠來維持旅客忠誠度，但對於新加入的業者而言，若不以價格作號召，實難占有一席之地。

第三節　空中航線、航權與航空運輸區域

航空市場的拓展必須依賴各國政府之間經過複雜的談判方能形成，當然在談判過程中每一國家的政府都會考量到自己國營航空在這市場的占有率。當一家航空公司要飛國際航線，經過另一國領空及降落時，均必須先取得飛越其領空以及降落之許可，爲此航空公司還必須繳交「越空費」，此外，航空公司也須支付著陸機場費用、使用登機門費用，至於購油協定、保養補給等，均須再經過兩國之磋商。

早期，世界各國認爲開放領空是有其困難的，1919年，在第一次世界大戰後的巴黎和會中，不承認空運自由的觀念，並強調各國領空權至高無上的想法。這種保守的作法，無法阻擋實際航空交通的需求，但世界各國政府也同意全面開放航空市場是不可能的，在透過政治的運作、政府的同意，以及各國都有空運需求與利益的考量下，方逐漸達成共識。1944年的芝加哥會議開啓空中航權的議題，分爲定期及非定期飛航之權利，並協議達成五項空中航權的自由，對國際航空運作有莫大的影響，奠下一國的航空器有權在另一國卸客及載客的自由。目前我國交換航權方式可分爲與邦交國家及

與友好國家兩種。

一、雙邊協定

　　空運雙邊協定均由兩國政府循外交途徑簽訂，對於無外交關係但有實質之經濟、文化等關係存在的國家，可由雙方民航局簽訂，或由代表政府之國家航空公司、財團法人簽訂。其主要協商內容爲雙方指定之航空公司名稱、經營之航線、每週飛行班次、使用之機型以及航權等，本著平等互惠原則，即甲方給予乙方之實質經營內容應等於乙方給予甲方之實質經營內容。但此原則經常受到挑戰，尤其是大國家與小國家之間的談判，因市場大小相差懸殊難免不易達到共識。但爲了參與空中交通市場，小國可以藉此航權要求交換其他有利條件。

　　目前各國間之雙邊空運協定，可歸類爲芝加哥型、英國型、百慕達型及美國型等四大類型，其中美國型乃主張解除管制、自由競爭。

二、五種空中航權

　　空中航權必須經過兩國或多國協議才能取得，除了第一到第四航權外，其他四個航權涉及範圍廣，通常取得不易，難以達成共識。芝加哥公約制定的五項空中航權（The Five Freedom of the Air）分別爲（如圖2-1）：

　　1.第一航權：航空公司有權飛越一國領空到達另一國，中途沒有著地（飛越權）。

　　2.第二航權：航空公司有權降落另一國家作技術上停留，如加

1.第一航權

A	B	C

- -

例如：美國的航空公司飛越墨西哥領空前往巴西。

2.第二航權

A		B

- -

例如：美國的航空公司在墨西哥加油。

3.第三航權

A		B

- -

例如：美國的航空公司在美國載客後，在墨西哥卸下。

4.第四航權

A		B

- -

例如：美國的航空公司在墨西哥載客後回到美國。

5.第五航權

A	B	C

- -

例如：美國的航空公司前往巴西途中，在墨西哥停留載客。

圖2-1　五種空中航權

油、維修等,但不搭載或卸下旅客(技術降落權)。

3.第三航權:A國航空公司有權在B國卸下A國搭載來的旅客(卸下權)。

4.第四航權:A國航空公司有權在B國搭載旅客返回A國(搭載權)。

5.第五航權:A國的航空公司有權在B國搭載乘客後飛往C國,只要該飛機的起點或終點是在A國(延伸權)。

在五條航權中,第一航權及第二航權(又稱通行權)被廣泛採用,至於第三、四、五航權,(又稱交通權)則需透過雙邊協定來會商。另外有六、七、八航權,因涉及多國協定,不易協商。

雙邊協定使國際空中運輸得以順利進行,它提供航空市場發展的準則,其主要目的有三:

1.讓各國的航空公司能參與市場經營,避免惡性競爭,而產生國際糾紛。

2.協調載客量與飛機班次,使經營更有效率。

3.擬定制度建立價目表,防止惡性殺價。

雙邊的航空協定未能真正有效地滿足各國航空公司合作的需求,IATA的成立加強了各國航空公司合作的關係,任何聯合國會員國家的航空公司均可參加此組織,許多非會員的航空公司也能遵循IATA的決議。透過IATA的運作,旅客能使用一種機票而可搭乘數家不同的航空公司旅行,簡化空中旅行的手續。

三、航空運輸三大區域

飛行區域的劃分影響航空運輸甚鉅,IATA為統一管理及制定

與計算票價，以及方便解決區域性航空市場各項問題，將世界分成三大飛行交通區：第一區（TC1）、第二區（TC2）及第三區（TC3）。

(一)第一區

西起白令海峽，東至百慕達，包括：

1.北美：美國可分美國大陸（The Continental USA）及美國（The USA）。美國大陸指美國本土四十八州及哥倫比亞行政特區。美國指美國本土大陸及波多黎各、維爾京群島。
2.中美（不含巴拿馬）。
3.南美（含巴拿馬）。
4.加勒比海、夏威夷群島、格陵蘭。

(二)第二區

西起冰島，東至伊朗的德黑蘭，包括：

1.歐洲：含摩洛哥、阿爾及利亞、突尼西亞及俄羅斯的烏拉山脈以西。
2.中東：含埃及和蘇丹。
3.非洲：不含摩洛哥、阿爾及利亞、突尼西亞、埃及和蘇丹。

(三)第三區

西起烏拉山脈、阿富汗、巴基斯坦，東到南太平洋的大溪地，包括：

1.亞洲：含俄羅斯的烏拉山脈以東、關島、威克島。

2.南太平洋群島：美屬薩摩亞、法屬大溪地。

3.澳洲、紐西蘭。

　　了解IATA的三大區域及各城市位在何區域是非常重要的，因爲某些價格或限制條件涉及到進出各個不同區域。

四、飛行方向

　　計算票價與飛行方向是有重要關聯的，一個行程會因旅行方向不同而產生不同票價，兩地之間也會因飛行方向不同而產生不同的里程數。

　　飛行方向以兩個字母的環球指標（Global Indicator）來代表，下列是常用到的飛行方向代號：

1.AP：指經過大西洋和太平洋。如：巴黎→波士頓→東京。

2.AT：指經過大西洋。如：波士頓→倫敦。

3.EH：在東半球內（Eastern Hemisphere），亦即第二區和第三區。如：伯斯→法蘭克福。

4.PA：指經北、中、南太平洋。如：東京→西雅圖。

5.PO：指經北極路線（North Polar）。如：安克拉治→奧斯陸。

6.SA：指經南大西洋。如：約翰尼斯堡→聖保羅。

7.TS：指經西伯利亞路線（Trans Siberia Route），中途不可停留、轉機。如：漢城→哥本哈根。

8.WH：在西半球內（Western Hemisphere），亦即第一區。如：蒙特婁→利瑪。

第三章
空中交通的演進

* 航空器之發展

* 飛機的種類與功能

* 客運飛機機型簡介

* 機場功能與各國機場簡介

航空器的發展，縮小了人與人之間的距離，雖然廣體客機載客量大，但窄體客機仍是航空公司的主流。1997年，波音合併麥克唐納‧道格拉斯飛機製造公司後，與歐洲的空中巴士形成兩大超強飛機製造公司。為了容納繁忙的空中交通，機場設備換新與擴建，刻不容緩，許多地區及國家受到機場容量不足的限制，無法充分發展航空事業。

第一節　航空器之發展

飛機在交通運輸業扮演非常重要的角色，它讓世界縮小，讓人與人的距離縮短，雖然在飛機發明之前，人們就知道使用空中交通比陸上交通更為迅速，於是使用氣球飛行早為一些發明家、探險家所嘗試過，可惜成效不佳，速度、載重有限，1937年，由歐洲飛往美國的德製熱氣球載客飛行，意外發生爆炸，終止了人們以熱氣球載客的美夢。

一、飛機機型與功能的演進

最早的飛機是無動力的滑翔機，1903年，萊特兄弟在北卡羅萊納州首先成功的使用引擎來推動飛機飛行，總共飛行了十二秒。由於第一次世界大戰，大大地推動飛機的發展，當時使用鐵製的機身並將引擎量加大，每小時飛行速度可達六十五到一百三十英里。歐洲的航空服務在第一次世界大戰後發展迅速，一方面是私人公司利用戰後剩餘下來的飛機從事運輸用途，另一方面則是政府積極的補助。1927年，查理士‧林白由紐約到巴黎，首度完成單獨駕機飛越大西洋的壯舉，振奮了美國人心及飛行的興趣。1936年，雙引擎

時速一百七十英里的Douglas DC-3，可載客二十一人，開始了空中服務，1937年，美國的主要國際線航空公司——泛美航空開始飛越太平洋的載客服務，1939年，開始飛越大西洋的載客服務。

第二次世界大戰使得商用航空事業更向前邁進，戰爭加速了飛機工業的研發，製造出飛得更快、更遠、更安全的新型飛機，DC-7、B377、Lockheed Super-Constellation是當時的代表作，能飛越大洋不需停留，可載客一百人，使用螺旋槳引擎可飛行十八小時。美國私人公司對飛行器的研發，使得美國在航空事業上居於領先的地位，至於大部分屬於國營的歐洲航空公司，則緊追在後，力圖發展，創造更好的成績。

在1950年代和1960年代之間，由於噴射商用客機的出現，取代了螺旋槳式的飛機，使得兩地之間的距離更為縮短，經營效益增加，1960年代後期，幾乎所有大型航空公司都使用噴射式的客機。隨著科技不斷的發展，飛機續航力增加，飛行更平穩、安全，機艙內空間更寬廣、舒適，機內的餐飲、娛樂、服務也不斷地提升，尤其是對跨洋的長程飛行，人們不再視為畏途。

目前世界所使用的飛機種類繁多，由早期波音707噴射引擎客機問世，1958年10月28日美國的泛美航空公司首度使用707由紐約飛抵巴黎，載客一百八十人，時速五百九十英里，開啟商用噴射客機時代之序幕，到今日波音777的發明，飛機製造公司每隔數年即有新機種之推出，試圖製造出最有效益的機型，以節省營運成本，適應各國市場及滿足航空公司之需求。基本上航空公司在選擇飛機種類時會考慮的因素很多，包括：

1.航程：飛機的適用飛行距離一般分為短程（一千五百英里以下）、中程（一千五百至三千五百英里）及長程航線（三千五百英里以上）。基本上，短程航線的操作費用較長

程航線高，因素有二：

(1)短程航線飛機起降頻繁，需消耗較多的油料，此外，短程空中飛行油料效益低，飛機爬升時最耗油，一旦爬升到最省油的飛行高度後，不久就準備下降。

(2)短程航線飛機停留在地上的時間久，產值相對降低。

2.載客數：一般可分為五十、七十、一百至一百二十、一百五十、一百八十、二百五十以及三百人以上。

3.直接營運成本：如耗油情況及維修成本。

到了1970年代，各飛機建造公司紛紛推出飛得更遠、更快、載客量更高的飛機，1975年，前蘇聯的超音速客機圖勃列夫144型（Tupolev-144）問世，隔年，英、法合作的協和號超音速客機開始載客服務，開創了以超音速飛機載客的紀元。其中，1970年廣體客機B747的出現，使得空中旅行更完善、舒適。雖然從事飛機製造的廠商不少，但製造大型客機的國家並不多，絕大部分集中於美國及前蘇聯，其餘為歐洲各工業國合造。

製造廣體客機的公司有美國洛克希德公司如三星客機（Lockheed Tristar 1011）（機齡已久，逐漸淘汰中，仍在執勤的不多）、美國麥克唐納‧道格拉斯公司如MD-11（已被波音合併）、美國波音公司如B747、歐洲數國合作的空中巴士如A340。這些飛長程的廣體客機能由紐約直飛到印度或日本，舊金山飛到布宜諾斯艾利斯，中途不需加油。1981年到1982年，遭遇第二次石油危機，使得波音和麥道遭遇重大衝擊，尤其是廣體客機，直到油價回穩才見好轉，但也使得機種開發型態上轉向開發經費少的現有機種改良方面。

根據歷史的軌跡，飛更遠、更快、載客量更大的飛機將是下世紀的目標，但這種趨勢必須建立在全球經濟景氣持續良好，以及

有更節省燃料的設計出現，以降低飛行成本。以現階段航空事業成本漲高，利潤下跌的情勢，使用省油設計的機型是各家航空公司的政策，目前市場以載客一百八十人，雙引擎，只需二位機師操作的省油機種最受歡迎。

二、機上餐飲設施

　　飛機上的廚房最早出現在1950年代，由洛克希德公司製造的長程客機最先使用，當時機上的空中廚房相當簡單，僅提供旅客簡單的糕點及咖啡。今日的機上廚房，特別是飛行長程的越洋班機，則提供種類複雜的餐飲，所需的設備也頗具規模，它具備有儲藏食物、進行簡易烹調及調配飲料的功能。

　　飛機的設計在於增加載客空間，因此必須儘量減少其他空間以增加旅客座位數，因此對於機上廚房的裝置以及餐車的設計，均要求具有簡易操作、快速、質輕、性能好、易維修的特性。其廚房的設備包括空服人員使用的調理台、加熱用的高溫烤箱、冷熱毛巾保溫箱、儲存食物的冰箱、冷卻器、開水機、微波爐、咖啡、茶壺、餐車等。這些相關配備都必須合乎美國聯邦航空署（FAA）的檢驗要求，因此機上廚房的造價均不低，當然其功能與品質均屬上乘之作，以煮咖啡的設備為例，它可以在兩分半鐘內煮沸一‧四公升的咖啡。至於食物的衛生條件更需經過嚴格的監控，無論在製造、運送、冷凍、加熱的過程中，均有一套科學化的運作流程。為確保飛行的安全，空廚會為飛機的正、副駕駛準備不同的餐食，以避免意外事件發生。

　　航空公司均有特定合作的空廚，且會定期與空廚召開會議，研擬每季變化的菜單，讓旅客有嶄新的感受。機上食物的準備，一般在飛機出發前二十四小時，空廚人員就要將所有食物準備好，八

小時前調理完成，將餐點放置於暫存室中保持鮮度，並於飛機起飛前二小時由運餐卡車送至機場，當空服員開始供餐時再將之加熱，使旅客能享受新鮮美味的菜色。

第二節　飛機的種類與功能

　　不同的機型，有不同的設備與功能，商用的飛機公司因使用目的、飛行距離、承載量、耗油量、維修成本等因素，而決定購買不同類型的飛機。根據發動機的種類，可把民航機區分成螺旋槳飛機（含直昇機、噴射螺旋槳）及噴射機兩種。

　　一般螺旋槳飛機適用於短距離、外島或區域性飛行，降落於小機場，飛行於起降頻繁的航線，比較符合經濟效益。至於噴射式飛機承載量大，適合較長距離的飛行，以飛中、長程航線較佳，但也有不少用於旅客量大的短程航線，例如日本使用747飛行一些交通量大的國內航線。噴射式引擎飛機可分單走道及雙走道，單走道載客量較小，飛行距離一般屬於短、中程飛行，雙走道的廣體客機有二到四個引擎，載客量大，飛行遠，常用於長程或越洋航線，最受旅客歡迎，波音747是典型的代表。全球各類飛機中仍以單走道飛機占多數，由於多數為雙引擎，比較省油，較受航空公司喜愛。

一、直昇機

　　目前全世界大型商用直昇機製造公司，以美國的貝爾公司出產的直昇機市場占有率最大，其次則是歐洲的直昇機公司。

　　貝爾直昇機公司位於德州的瓦斯堡（靠近達拉斯），由於其產品行銷世界各地，因此設置了四大零件供應廠——瓦斯堡、加拿

大的卡加利、荷蘭的阿姆斯特丹以及新加坡——以便隨時供應需求，至於位在加拿大蒙特婁的貝爾廠則是負責最後的直昇機組裝工作。

台灣客用直昇機於1994年開放，但由於相關設施及法令無法配合，直昇機業務以鳥瞰、航照及噴灑農藥爲主。

直昇機拿來當作商業用途在國外頗爲普遍，至於當作觀光用途亦行之有年，由於直昇機可低空飛行，視界寬廣，容易飽覽景點風光，同時航站面積小，不易受地形地物影響，容易起降，在一些觀光城市遊客可找到提供直昇機空中遊覽服務的據點。在台灣，直昇機觀光市場始於1997年德安航空開闢「台東—綠島」及「台東—蘭嶼」的離島航線，由於台灣地小人稠、交通擁擠，開放直昇機觀光市場，潛力無窮。1998年，德安航空公司開闢由台中水滴機場到溪頭米堤飯店的航線，飛行時間約二十分鐘，票價新台幣二千元，這條國內航線的開辦，爲台灣本土直昇機市場帶來一片先機。

台灣目前有中興航空、亞太航空、德安航空和凌天航空領有直昇機經營執照，通過認證可以在台灣飛的直昇機公司。亞太航空爲國內最具規模之直昇機航空公司，有全世界最新型BELL 412SP型雙發動機直昇機。未來空中觀光服務將爲直昇機客運的發展方向。

二、客機

在全球衆多機型中，單就機身重量以B747-400的一百八十噸最重，其次爲B747SR的一百五十五噸及A340-300的一百二十六噸。至於每架飛機的承載量，包括旅客、貨物、燃料三項，以越大的飛機承載量越大，就B747-400來說，其最大起飛重量（機身淨重＋承載重量）可達三百九十四噸，位居所有機型之首，A340-300

則為二百五十三噸，MD-11型二百七十三噸，飛機在完全載滿亦即在最大起飛重量下起飛的情況是不會發生的，除安全考量外，因為要在飛機強度臨界點所能承受的重量範圍去飛行，需要較長的跑道起飛（一般跑道約三千公尺），且起飛能力會變得困難，同時會減少飛機的壽命。

客機飛行的高度，基本上在飛行高度越高的地方飛行，耗油量越少，但飛得高，爬升距離遠，耗油量越大，對短程飛行較不利。一般渦輪螺旋槳飛機飛行高度在一萬至二萬英尺，噴射客機的飛行高度約在二萬至四萬英尺左右，超音速飛機高度在五萬英尺左右。最佳飛行高度，一般噴射飛機是在三萬英尺，大約是九千公尺左右，比八千八百公尺的聖母峰高，因此保持在九千公尺飛行的飛機是不需擔心會撞到山的。由於巡航在三萬英尺是噴射機最適宜的高度，也因此造成航道飛行過密的不利因素，至於世界飛行最快的協和號客機飛行高度則在五萬五千英尺，沒有飛行擁擠的困擾。

飛機的速度由螺旋槳到超音速飛機可說是增進許多，以目前飛機的標準巡航高度及承載量，最有經濟效益的飛行速度是0.75～0.82馬赫，有四具引擎的波音747每小時最大飛行速度為九百三十九公里，空中巴士340型則超過一千公里。現今最快的超音速客機其速度是音速的2.02倍，或稱2.02馬赫（1馬赫等於音速，約每小時一千二百二十三公里）。

除了飛行速度外，續航力也是經營越洋航線的航空公司所關切之問題，目前以空中巴士的A340-500續航力可以到一萬五千四百公里，是噴射客機中可以飛最遠的，至於波音777及747的續航力也都能超過一萬三千公里。

空中飛行距離受到風的影響，由於地球自轉，在高緯度地區會產生非常強勁的氣流由西向東吹，其風速達到一百海里，冬天時甚至會超過二百五十海里。台北到紐約的航線是世界最長的航程之

一，全長一萬二千四百七十二公里，接近B747一萬三千公里的航程，以往飛機均會選在美國阿拉斯加州的安克拉治停留，如今在冬季，台北到紐約可以直飛不停。

維珍航空

　　維珍航空（Virgin Atlantic Airways）是航空業界使用最新型客機代表，並擁有年輕的機隊，平均機齡都在五年內，尤其是維珍航空的老闆理查布蘭森（Richard Branson）從1984年創立維珍航空以來，就不斷地從飛機塗裝到飛機內部服務，創造許多印象深刻的話題。理查布蘭森是維珍的大老闆，白手興家，是二十一世紀成功奮鬥的典範。

　　1984年，憑藉租借的波音飛機擠入航空業的維珍航空，曾被很多評論家視為是採取「自殺行為」的公司。因為這家公司不再像原先的航空公司那樣，出售頭等、商務和經濟艙三種等級的機票，而簡化成商務艙和經濟艙這兩種，它的票價比一般的公司便宜，但服務卻追求更加人性化。

　　如今，維珍航空已經成為英國第二大的遠程航空公司；乘坐維珍航空就等於選擇了高品質的服務，這一點已經深入人心。維珍航空負責用豪華房車接送商務艙的客人，在飛機上，他們可以享受桑拿、修指甲服務；而經濟艙的乘客也能在飛機上看電影，打「任天堂」專門為維珍設計的電動遊戲；同一班飛機的客人不僅可以一起玩電動遊戲，甚至可以互發短信。維珍航空不僅是第一家在空中提供按摩服務，而且寧肯拆了座位也要營造酒吧，要給客人身處陸地時相同的氛圍。

　　到了陸地，維珍航空更是玩盡花樣：在倫敦機場提供十八個淋浴房；在機場休息廳開設獨特的健康和美容俱樂部，提供美容、圖書館、音樂室、酒吧等服務……，正是這種不斷創新，使得維珍航空保持了競爭的優勢。

維珍「上海—倫敦」的往返航線空服人員中,超過一半是中國人;有兩位專業按摩師可以為每位乘客提供半個小時美容保健服務;飛機的公務艙中居然設置頭等艙的座位。訂購了空中客車A380的維珍航空,已經有了在飛機上建設游泳池、健身房的念頭。

英國航空業大亨理察布蘭森在美國所投資的維珍銀河(Virgin Galactic)公司,其研發載運旅客的太空飛機,預計將在2009年開始營運。維珍銀河公司也宣布和集團中的維珍航空策略聯盟。

資料來源:《東方企業家》,譚琴著。

第三節 客運飛機機型簡介

　　許多先進國家均設有飛機製造公司,有的只製造軍用飛機,有的只製造商用客機,有的則兩者均備。事實上,有許多製造公司是以合作裝配的方式生產,由各個製造公司製造飛機的一部分,最後再運輸到某一總廠組裝起來。本節所介紹的飛機以商用客機為主,軍用飛機則不在本書討論之內。

一、航空公司飛機外型與內部座位陳設

　　飛機製造公司在飛機生產、裝置過程中,均會依照航空公司之要求而作不同之設計調整,以達到航空公司市場上之需求與最大利益,因此載客艙艙別的配置上未必相同,有些分兩級,如美國國內線或部分飛國際線航空公司,艙內只有頭等艙及經濟艙之設置,我國國內線因飛程短,一般均只有經濟艙,但部分航空公司為了提升服務,在台北、高雄航線則設有商務艙。一般飛國際航線的航空

公司均設有頭等、商務、經濟三艙，而我國之長榮航空，則另加設長榮客艙，成為世界僅有的四等艙別。每一家航空公司對各艙別的座位數設置也不相同，若為了增加載客人數則可增加經濟艙座位，減少頭等艙及商務艙座位，但該班機之營收未必會增加，根據航空公司之營收統計，航空公司之主要營收以占旅客人數20%的商務客為最大的利潤來源。商務艙的票價約為經濟艙之一倍，而頭等艙票價則又比商務艙高出甚多，目前航空公司有減少頭等艙之趨勢，增加商務艙數目及舒適度與服務，以招徠更多旅客搭乘商務艙。

　　機艙座位之配置，飛機之機身可分為單走道及雙走道廣體客艙，且各家飛機製造公司設計之機身寬度亦不同，因此座椅之排列有很大的變化。通常頭等艙及商務艙的座椅寬敞舒適，均以左2、右2，或是左2、中2、右2之方式排列，以方便旅客進出，但經濟艙因旅客所付費用相對低廉，航空公司則精打細算，座椅排列較密集，不同機型有不同配置方式。由於團體旅客均搭乘經濟艙，團體辦登機手續習慣上以英文字母排列順序來辦理，旅客無法事先向航空公司要求座位靠窗或走道，也無法指定希望與某人為鄰，這時若能了解飛機座椅排列方式，則能在拿到登機證後私下互相交換位置，以避免許多團體旅客上了飛機後，發覺親人沒有坐在一起而忙著喧嘩換位，久久不能安定坐下，造成機內一片混亂，不但影響他人及飛機起飛，也有損國人顏面。

　　依照國際慣例，經濟艙座位若以機首為前方，在雙走道客機，左側靠窗座位固定為A，右側靠窗座位固定為K，左側靠走道的位置為C、D，右側靠走道位置為G、H（並非所有飛機座位均按此排列），例如：B747的3-4-3座位為ABC-DEFG-HJK，由於I會引起口誤，所有飛機均不採用。至於單走道客機，走道左側為C，走道右側為D，但也有另一種採用方式，如長榮MD-90的左3右2座位，左邊是ABC，右邊是HK。

二、飛機製造公司

影響世界航空市場的飛機製造公司有四大家：波音、麥克唐納・道格拉斯、洛克希德及空中巴士。這四家均曾在國際市場占有一席之地，可惜在歷經嚴酷之市場競爭後，其中二家已成歷史名詞。

(一)波音飛機製造公司

波音公司創於1916年，創業人叫威廉波音，父親是德國人，母親是越南人，成立之初的主要工程師是麻省理學院畢業的華裔美人王助，當時公司名為太平洋飛機製造公司。至今已有八十多年歷史的波音，是美國著名的飛機製造公司，原本業務是製造戰機，二次世界大戰後，波音乃轉攻商用客機市場，並超越原本是商用客機翹楚的麥克唐納・道格拉斯公司。目前總部設在西雅圖，截至目前，全球各種款式商用飛機高達一萬四千架，其中波音製造的即達八千多架，市場占有率達60%。

波音公司的成長，可說是人類航機發展的寫照，從最早推出的波音707、727、737、747、757、767，至今日的777，廣受世界各航空公司的喜愛與採用。波音歷經驚濤駭浪，充滿艱辛，曾有一連十七個月沒賣出一架飛機的紀錄，終能屹立不搖，且日益挺拔、茁壯。今日，它是美國科技發展的代表，其所建立的飛機各項設備與安全標準，也成為其他公司所一致遵從。位在西雅圖的波音公司兩大機身組裝廠——Everett和Renton，這兩棟龐大的廠房約十一樓層高，廠內一架架飛機正進行著不同階段的組裝工作，每個月平均可生產四架747、七架767、七架777、四架757及二十一架737，為

了讓世人能對航空業進一步了解，廠房有開放供一般民眾參觀。

　　1997年8月，波音公司收購美國的麥克唐納・道格拉斯公司，成為波音旗下的一個部門，全球員工總數超過二十萬人。在未來波音將開發外型與747-400相同，但容量更大、飛更遠的747-400X型。此外，2001年，波音宣布將發展新一代音速長程客機──音速巡航者（Sonic Cruiser），只設頭等艙及商務艙，預計2008年推出。由於地球圓周的一半是一萬九千多公里，飛機製造公司不需發展航程超過繞地球一半的商用飛機出現，換句話說，只要飛機能飛一萬九千公里，該飛機就足可飛達全世界任何一個角落，因此，無論是波音或空中巴士，對未來飛機的發展，其續航力是有其限制的。

　　波音飛機製造公司生產系列：

■波音707系列

　　首　　　航：1958年，美國第一代噴射客機，泛美率先使用

　　載 客 量：最多180個座位

　　出廠架數：1,000架以上

　　座位排列：3-3

　　價　　　值：初期售價為一千萬美元以上，1988年1月因噪
　　　　　　　　音管制法規定，不能再使用

　　引　　　擎：4具，均在機翼

■波音727系列

　　曾為我國空軍一號總統專機。1960年代出產但已停產的飛機中，銷售量很大，到目前在所有機種中銷售量第二名。

　　首　　　航：1963年

　　載 客 量：145個座位

　　出廠架數：約1,800架以上

　　座位排列：3-3

價　　值：初期約一千萬美元

引　　擎：3具，其中一個位於機身後上方

特　　色：T型機尾，三個發動機在機身後方，是波音唯
一將引擎放在後機身及三個發動機之機種

■波音737系列

是波音公司最暢銷的機種，有第一代的100／200，改良的300
／400／500，到最近的600／700／800，以及未來型的900。737曾
是台北←→高雄的主要機種，華航於1998年9月率先購買737-800型
機種，此機種有最先進的「加強型地面接近警示系統」。一般飛機
在機腹裝有雷達感應器測量和地面距離，在碰撞前二十秒會發出警
告訊號，737-800則將碰撞警告時間拉長至二十秒前。

首　　航：1968年

載 客 量：120-150個座位

出廠架數：3,990架以上，仍在生產中，目前飛機已獲得
全球航空公司的五千二百多份訂單

座位排列：3-3

價　　值：1995年約二千萬美元，目前約三千萬至五千萬
美元，依型號而定

引　　擎：2具，在機翼

■波音747系列

首　　航：1967年

載 客 量：全部規劃為經濟艙，可達500個座位以上

出廠架數：1,100架以上

座位排列：3-4-3（雙走道）

價　　值：最新的747-400約一億五千萬美元，在所有機
型中價格最高

引　　擎：4具，均在機翼

特　　色：在空中巴士A380出產前是全世界機種中唯一
　　　　　分上下兩層甲板的機型

■波音757系列

首　　航：1983年

載　客　量：約178-224個座位

出廠架數：200架以上

座位排列：3-3

價　　值：現約六千萬美元

引　　擎：2具，均在機翼

特　　色：為中程窄體客機，與767同時生產，操控可以
　　　　　互通，採用省油引擎

■波音767系列

首　　航：1982年

載　客　量：190-250個座位

出廠架數：300架以上

座位排列：2-3-2（雙走道廣體客機）

價　　值：現約七千萬至九千萬美元

引　　擎：2具，均在機翼

特　　色：767與757外型差異不大，767有下巴，機身較
　　　　　胖。767飛機是針對1970年代石油危機所產生
　　　　　之衝擊，而研發出來耗油量低的飛機，屬於中
　　　　　程運輸用，航程約五至六小時

速　　度：最大巡航速度每小時850公里，續航能力7,408
　　　　　公里

■波音777系列

　首　　　航：1995年，美國聯合航空率先使用

　載　客　量：290-350個座位

　出廠架數：生產中

　座位排列：2-5-2

　價　　　值：現約一億二千萬美元（777-300是目前機身最
　　　　　　　長的機型）

　引　　　擎：2具，均在機翼，是目前推力最大的發動機，
　　　　　　　最大巡航速度每小時905公里，最大航程
　　　　　　　13,000公里，機身長63公尺

■波音717系列

　原為麥克唐納‧道格拉斯公司生產，1997年8月4日，波音購
併麥克唐納‧道格拉斯公司後改名為717。

　首　　　航：1999年

　載　客　量：106個座位

　價　　　值：1,900萬美元

　引　　　擎：2具，在機尾

　特　　　色：專為短程、班次密集地區使用，營運成本低，
　　　　　　　需跑道短，機身與客艙配備如DC-9型

■波音787 又稱為「夢想飛機」（Dreamliner）

　是波音公司最新型號的中型客機，寬體機，機內兩行通道，
預計將於2008年投入服務。787可載200至350人，視乎座位編排
而定。燃料消耗方面，787比以往的產品省油，效益更高。此外在
用料方面，787是首款以碳纖維合成材料取代鋁製作機體。巡航速
度：0.85馬赫（水平面速度約每小時561海里或903公里）。相較於

其他機型，787有以下特點：(1)更輕。由於大量採用更輕、更堅固的複合材料，飛機重量大大減輕，運行成本也大幅下降；(2)更節能。波音787型飛機要比其他同類飛機節省20%的燃料，同時釋放更少的溫室氣體；(3)噪音更低。起飛和降落時的噪音要比其他同類飛機低60%；(4)更衛生。波音787型飛機具有更好的氣體過濾設施，從而保證機內空氣品質更佳；(5)更耐用。與其他同類飛機相比，使用期更長，檢修率要低30%。（新華社／路透）

(二)麥克唐納‧道格拉斯飛機製造公司生產系列

　　1967年麥克唐納公司與道格拉斯飛機公司合併，麥克唐納‧道格拉斯公司前身創設於1920年，總公司設於聖路易市，原本是以製造軍機起家，曾是客機市場的龍頭，但為波音超前，並於1997年為波音合併，其飛機設計與別家不同處是引擎的位置及數量，共三具引擎，其中一是裝在機身後上方。

　　麥克唐納‧道格拉斯飛機製造公司生產系列如下：

■DC-8系列

　　首　　航：1965年，是美國第一代的噴射客機，目前在市
　　　　　　　場上已少見

　　載　客　量：180-259個座位

　　出廠架數：約600架

　　座位排列：3-3

　　價　　值：出廠時約一千萬美元

　　引　　擎：4具，均在機翼，依噪音管制法，不再使用

　　特　　色：其機身較A340細長，發動機外型也細長

■DC-9系列

　　為波音727競爭對手，銷售非常成功，在1960年代出產，但目前已停產，當時銷售量僅次於B727，至目前在所有機種中銷售量第三名。

　　首　　　航：1965年

　　載 客 量：約120個座位，中短程

　　出廠架數：1,171架

　　座位排列：2-3

　　價　　　值：出廠時約一千萬美元

　　引　　　擎：2具，在機身後方

■DC-10系列

　　首　　　航：1971年

　　載 客 量：250-380個座位

　　出廠架數：約400架

　　座位排列：2-5-2

　　價　　　值：出廠時約五千萬美元

　　引　　　擎：3具（2具在機翼，1具在機尾的垂直翼根部）

■MD-80系列

　　麥克唐納和道格拉斯合併後稱MD，含MD-81／82／83。

　　首　　　航：1980年

　　載 客 量：137-172個座位

　　座位排列：2-3

　　引　　　擎：2具，在機尾，低噪音

■MD-90系列

　　MD-80的機身加長，外型如雪茄般修長，是中短程區間客機。

首　　航：1995年

載　客　量：約153-172人

出廠架數：約130架

座位排列：3-2，非對稱式的座位配置

引　　擎：2具，在機尾，後置式引擎設計，專為起降頻繁之中、短程飛行，低噪音，波音與麥克唐納‧道格拉斯公司合併後停產

■MD-11系列

是DC-10的加長，駕駛員改為二人操作。

首　　航：1990年

載　客　量：250-400個座位

出廠架數：不詳

座位排列：2-5-2

價　　值：現約一億二千萬至一億四千萬美元

引　　擎：3具（2具在機翼下，1具在機尾的垂直尾翼根部）

特　　色：MD-11與DC-10類似，但MD-11的翼尖有翼端帆，DC-10則無。巡航速度每小時932公里，最大航程12,570公里，只需二名駕駛員

(三)洛克希德

洛克希德是美國的飛機製造公司，因有三具引擎，故有三星客機之稱，該公司一度市場看好，享譽國際，可惜最後不堪市場競爭，現只生產軍用飛機。

■Lockheed Super Tristar L-1011（三星客機）

首　　航：1972年

載 客 量：250-400個座位

出廠架數：247架

座位排列：3-4-3（或2-5-2）

價　　值：出產時約五千萬美元

引　　擎：3具（2具在機翼下，1具在機尾上，這具發動
　　　　　機的排氣管像B-727在機身末端下方排氣）

　　L-1011曾與DC-10競爭激烈，是洛克希德最後機種，目前大都已退休，洛克希德公司也退出民航客機業務。

(四)歐洲的空中巴士

　　於1970年創立，總部在法國土魯斯（Toulouse），目前員工有四萬人，空中巴士集團是歐洲四大廠所組成，包括法國宇航（37.9%）、德國（37.9%）、英國宇航（20%）及西班牙（4.2%），其中以法、德占比率較高，各約38%。四個國家按各自專長和持股比重來從事機身各段及系統製造，然後再送到法國的土魯斯去組裝。空中巴士為了與波音競爭，打破波音公司三百五十人座廣體客機市場，如火如荼的進行A-3XX計畫，希望超前波音開發更大的飛機。空中巴士同時採取合縱連橫策略，與亞太地區國家合作，開發市場占有率只有15%的亞洲市場。目前空中巴士已售出二千三百多架飛機，全球市場占有率近30%，有一千五百一十架飛機在空中服務，1996年營業額八十八億美元。

■Air bus-300系列

　　是空中巴士集團的處女作，最早的雙引擎廣體客機。

首　　航：1974年

載 客 量：201-345個座位

出廠架數：300架以上

座位排列：2-4-2廣體

價　　值：出廠時約四千萬美元

引　　擎：2具，在機翼下

■Air bus-310系列

為A-300型機身縮短，二人駕駛。

首　　航：1983年

載 客 量：210-255個位子

出廠架數：200架以上

座位排列：2-4-2廣體

價　　值：現約七千萬美元

引　　擎：2具，在機翼下

■Air bus-320系列

是空中巴士最暢銷的機種。

首　　航：1988年

載 客 量：150個座位

出廠架數：不詳

座位排列：3-3

價　　值：現約四千五百萬美元

引　　擎：2具，在機翼下

■Air bus-330系列

首　　航：1993年

載 客 量：375個座位

出廠架數：不詳

座位排列：2-4-2廣體

價　　值：現約一億至一億二千萬美元

引　　擎：2具，在機翼下

速　　度：每小時880公里，最大航程8,340公里

■Air bus-340系列

首　　航：1992年

載 客 量：近400個座位

出廠架數：生產中

座位排列：2-4-2廣體

價　　值：現約一億二千萬美元

引　　擎：4具，引擎在機翼下（空中巴士唯一4具引擎之
　　　　　機型在A380之前）

特　　色：4具發動機、單層、有翼端帆，巡航速度每小
　　　　　時1,032公里，航程15,400公里，比B747-400
　　　　　還遠，是現今廣體客機直飛距離最遠之客機
　　　　　（A340-500最遠），只需二名駕駛員，可攜
　　　　　帶十五萬加侖燃油

■Air bus-380系列（號稱全世界最大的民航客機）

首　　航：預定2006年初才會交機

載 客 量：最大載客量，可以達到555人

價　　值：現約二億六千三百萬美元

引　　擎：4具

　　A380最特殊之處在於雙層甲板設計，全經濟艙配置可以裝載
超過八百名旅客，三艙等設計也可以裝載五百多人，將取代獨霸航
空市場多年的波音747，成為全球最大的民航客機。

耗資五千億台幣打造的A380空中超級巨無霸客機，長73公尺，翼長79.8公尺，高度相當於八層樓高，最多可搭載八百四十人，機身最大載重量達到五百六十公噸，最大航程十五萬公里，續航力十六小時，內部不但有私人酒吧，還有高級服飾店，成為客機市場新趨勢。2007年，把生產的第一架航機，交給新加坡航空。

■其他歐洲生產的飛機

其他歐洲生產的飛機尚有：

1.英國出品：
  (1)BAE146：88-100個座位，以3-3排列，4具引擎，噴射客機。
  (2)BAC-Trident：103-139個座位。
  (3)British Aerospace-ATP：64個座位。
2.法國出品的Caravelle：128-140個座位。
3.荷蘭出品：
  (1)FoKKer-VFW F28 Fellowship：85個座位。
  (2)FoKKer-100：107個座位。
4.法、義合作出品：
  (1)ATR-42：50個座位。
  (2)ATR-72：74個座位（均屬雙引擎，螺旋槳飛機）。
5.德國出產的多尼爾（Dornier）。
6.瑞典出產的SAAB：35個座位，以1-2排列，雙引擎、渦輪螺旋槳，最大巡航速度每小時526公里，航程1,450公里。

(五)英、法合造的協和客機

協和客機於1962年由英法兩國合作研發，1976年首航載客，

飛行速度每小時二千三百公里,約音速的2.02倍,飛行高度約一萬八千公尺,由於飛行高,遠離雲層,少空中亂流干擾,比一般飛機飛行平穩,同時機窗外一片無垠湛藍,景觀奇妙,雖然飛行速度極快,但在機內卻毫無速度感覺。由巴黎飛往紐約只要三小時四十五分,比波音747快四個小時(波音747需七小時五十五分,若由紐約到巴黎因順風只需七小時),它是唯一可以追得上時間的客機。假若一位旅客在巴黎度完聖誕夜後,馬上搭上協和客機飛往紐約,該旅客可以在飛行途中因時差關係再慶祝一個聖誕夜,並且來得及在紐約機場歡度第三個聖誕夜。

協和號因耗油,從機翼到機腹除了底層貨艙之外,幾乎全部都是油箱,總共可載一百噸油料。其外型設計也很特別,除了三角翼的設計外,有升降自如的機鼻,在起飛和降落時,機鼻下垂,可增加飛行員視野,在超音速飛行時,可拉升機鼻,以減少飛行阻力。

協和號速度高,且僅有一百個座位,共二十五排,每排兩邊各兩個座位,票價十分貴,全機不分等級都是頭等艙,由巴黎到紐約單程機票約十一萬新台幣,因此乘客均以大企業家、政要為主,搭乘協和號可獲保證書一張及特製深灰色手提包以資紀念。由於造價高、耗油量驚人、高噪音,其高速所產生的音爆,遭到許多國家抵制,因此市場有限,僅生產十六架(2000年失事一架後全球只剩十二架),只飛越洋航線「巴黎—紐約」及「倫敦—紐約」,安全性高,甚少意外紀錄,很不幸於2000年法航的協和號客機於巴黎機場起飛時不幸意外墜毀,所有協和號客機遭到停飛命運。

首　　航:1976年

載 客 量:100個座位

出廠架數:16架

座位排列:2-2

價　　值：出廠時六千五百萬美元

巡航速度：每小時2,300公里

起飛需跑道長度：3,500公尺

降落需跑道長度：2,000公尺

起飛速度：每小時402公里

降落速度：每小時300公里

飛行組員：機師三人（含飛行工程師），服務員六人

(六)前蘇聯製造之系列

■伊留申86型（Ilyushin 86）

載　客　量：316-350個座位

座位排列：3-3-3

■伊留申62型（Ilyushin 62）

載　客　量：186個座位

座位排列：3-3

■圖勃列夫154型（Tupolev TU-154）

載　客　量：164個座位

座位排列：3-3

■圖勃列夫134型（Tupolev TU-134）

載　客　量：64-72個座位

座位排列：2-2

■雅克42型（Yakovlev YAK-42）

載　客　量：100-120個座位

座位排列：3-3

■伊留申96型（Ilyushin 96）

　　載　客　量：300個座位

　　引　　　擎：4具

　　時　　　速：870公里

　　續　航　力：11,000公里

■圖勃列夫204型（Tupolev TU-204）

　　首次蘇聯航空使用英國勞斯萊斯引擎。

　　載　客　量：166個座位

　　座位排列：3-3

　　引　　　擎：2具

(七)其他

　　龐巴迪（Bombardier）的DH8（DH8-100、DH8-200、DH8-300、DH8-400）可容納三十七至七十八人座，座位排列2-2，有兩具螺旋槳，最大飛行速度每小時六百四十八公里，加拿大製造（加拿大的龐巴迪將繼麥克唐納・道格拉斯之後，成為世界第三大飛機製造商）。

第四節　機場功能與各國機場簡介

　　航空事業的發展需要機場及設備良好的設施來配合，以便能迅速有效率的運輸旅客及行李，並縮短通關的手續，目前在各國使用空中交通的人口均有大幅度的成長，主要的國際機場都面臨來往旅客過於擁塞的威脅，尤其是在交通尖峰的時段，大量旅客湧入造

成機場設備嚴重不足，旅客聚集在候機室焦慮等候延遲的班機。甚至於因為跑道不足，飛機起降受限，造成班機不足，外來觀光客受到影響。以世界最繁忙的芝加哥O'Hare國際機場為例，平均每二十三秒就有一架飛機起飛或降落。機場不像巴士車站或火車車站可以私人公司擁有，興建一座機場耗資甚鉅，非一般公司能力所及，即便是小型機場也大都由政府興建、經營，再由航空公司去承租使用，向機場支付降落費、油料費、註冊稅捐，以及辦公室、登機櫃台等費用。許多政府知道部分機場有嚴重擁擠現象，也知道應早日規劃擴建或尋找地點重新興建機場，但由於環境影響，如噪音、超高建築、夜晚宵禁及土地取得不易等，皆成為阻礙空中交通發展的重大因素。

　　依2004年旅客進出量，世界排名二十大的機場除了倫敦的希斯洛機場、東京的羽田機場、德國法蘭克福機場、法國巴黎戴高樂機場、荷蘭阿姆斯特丹機場、西班牙馬德里、泰國曼谷機場、香港機場及中國北京機場機場外，其餘機場均在美國。至於國際旅客進出量最大的是英國倫敦的希斯洛機場及Gatwick機場，另外，德國的法蘭克福機場、巴黎的Orly機場、荷蘭的阿姆斯特丹機場以及瑞士的蘇黎世機場，也均是歐洲大陸的重要國際機場。在亞洲，2004年機場國際旅客吞吐量前三名分別是：香港新機場為赤臘角（Chak Lap Kok）機場的三千六百七十一萬人次（香港啟德機場1998年停用），成田機場的三千一百萬人次以及新加坡樟宜機場的三千萬人次。東京有兩個機場：成田及羽田，其中的成田機場曾是最大的國際旅客進出機場，但由於只有單一跑道及起降班次的限制，同時又有幾乎是全球最高的著陸費（平均每班B747-400收費約九十五萬日圓，每公噸收二千四百日圓），已逐漸失去競爭力。在美國，主要的國際機場有紐約的甘乃迪機場、芝加哥的O'Hare機場、亞特蘭大的Hartsfield機場、洛杉磯國際機場、舊金山

國際機場、邁阿密國際機場以及達拉斯／瓦斯堡機場。根據調查，2004年世界最忙碌的機場是亞特蘭大的機場，共有八千三百萬人次，其次是芝加哥的O'Hare機場、洛杉磯機場，再加上這些機場大都是航空公司的中心機場，使得飛機起降更頻繁，旅客擁擠且必須走很長的距離去轉機，時常造成飛機的延遲與旅客的抱怨。**表3-1**是Worldwide Airport Traffic 2007年公布的全球機場進出旅客人數前二十名：

表3-1　2007年全球機場進出旅客前二十名

名次	機場名稱	旅客進出人數
1	美國亞特蘭大Hartsfield 機場	8,484萬
2	美國芝加哥O'Hare 機場	7,624萬
3	英國倫敦希斯洛機場	6,753萬
4	日本東京羽田機場	6,522萬
5	美國洛杉磯國際機場	6,104萬
6	美國達拉斯／瓦斯堡機場	6,007萬
7	法國巴黎戴高樂機場	5,680萬
8	德國法蘭克福機場	5,281萬
9	中國大陸北京首都機場	4,850萬
10	美國丹佛機場	4,732萬
11	美國拉斯維加斯機場	4,619萬
12	荷蘭阿姆斯特丹機場	4,608萬
13	西班牙馬德里機場	4,550萬
14	香港赤鱲角機場	4,402萬
15	泰國曼谷蘇凡納布機場	4,279萬
16	美國休士頓布希國際機場	4,262萬
17	美國紐約甘迺迪機場	4,260萬
18	美國鳳凰城國際機場	4,143萬
19	美國底特律機場	3,635萬
20	美國明尼蘇達州明尼阿波里斯／聖保羅機場	3,563萬

資料來源：Airports Council International (ACI), Worldwide Airport Traffic Report, 2007.

一、世界各地機場的興建與擴充

　　世界各地區目前以亞洲和太平洋地區航空事業發展成長比率最高、發展最迅速，對於機場運輸容量的需求更殷切，至於美洲地區則成長緩慢。根據ATAG（Air Transport Action Group）預測，在公元2000年前，亞太地區空中交通旅客平均成長率為8.6%，高出國際民航組織對全球空中交通平均成長率的5.1%，於1995年底全世界有十一個新的機場計畫興建，其中有三個是位於歐洲的Oslo Gardermoen Airport、Athens Spata Airport、Berlin Brandenburg Airport，八個位於亞太地區的雪梨、香港、漢城、曼谷、吉隆坡和三個在中國大陸（上海、廣州、珠海），在美洲地區則沒有興建新的機場的計畫。

　　亞洲地區的國家在機場興建與擴建投下不少資金，1994年9月，日本在大阪的外海建造人工海上機場——關西機場。1995年，另一個較小的機場在澳門興建完成。1998年7月開幕的香港赤鱲角機場花了美金二百億元，取代了不堪負荷的啓德機場。印尼的吉隆坡新國際機場在1998年正式啓用，共花費三十五億美元，有兩條跑道，初期可容納二千五百萬名旅客，至2020年時將擴充到一年可載運六千萬名旅客，將是該地區容量最大的機場。泰國的曼谷在2000年至2010年間也計畫花費四十九億美元興建機場，初期每年旅客容量為三千萬人，預計擴充到五千萬旅客容量。韓國的漢城新國際機場第一期工程將花費八十億美元於1999年完工，旅客容量為二千七百萬人，將取代世界排名第十三的漢城金波機場，預計2020年最後工程完工後一年將可載運一億名旅客，使韓國成為東北亞地區航空中心。在澳洲新的雪梨西方機場於1999年完工，第二條跑道完工時，每年將可容納一千二百萬名旅客，以紓解日益擁擠的雪梨

Kingsford-Smith機場。

中國大陸挾著廣大的版圖及眾多的人口，積極的從事經濟建設，在2010年時，中國大陸將追趕過新加坡、台灣、泰國，僅次於日本及香港成為亞洲太平洋地區第三重要的空中交通中心。由於中國大陸除沿海地區外，內陸交通普遍落後，急需藉由空中交通來振興沿海及內陸的經濟發展，現階段正計畫在未來十年內興建二十座新的國際機場，在五年內擴充四十座原有機場，八百億美元的工程款已經提撥下來，其中大部分機場的功能是用來滿足國內交通市場的需求，中國大陸規劃的兩座主要機場分別為廣州機場，已於2004年完工，花費二十億美元，共兩條跑道，每年可容納三千萬旅客，可停七十架飛機；另一座是位在浦東的新上海機場，第一期工程於1999年完工，所需費用為美金二十三億元，每年可容納一千六百萬旅客，預計最大容納量為每年一億旅客進出。

二、機場發展受限因素

以目前空中交通運輸量，有一半以上的國際機場均有容量不足的現象，必須蓋新機場，將舊機場改為國內線機場，或另外擴充機場規模，如增加飛機起降跑道、海關檢查設施，加蓋航站、停機坪，讓同一時段可以有更多飛機起降，同時新建機場到市區的捷運，以縮短兩地之交通時間。

環境限制是大城市國際機場擴建最大的阻礙因素，由於公共安全、環境保護、噪音防治等因素，往往限制了機場交通量的擴充，為了保障機場附近居民的居住品質與安全，避免夜間飛機噪音的干擾，許多國家嚴格限制夜間可飛行時段，尤其是以日本及澳洲最關切，部分機場迫於設備不足與安全考量，限制每小時平均飛機降落頻率為二十八次，遠低於一般機場的降落頻率。

　　土地的取得也是另一嚴重的問題，機場除了需建設航站來服務旅客進出，內部提供廣大的空間讓旅客候機及提供餐飲和購物服務，尚需有跑道讓飛機起飛，一般跑道長三千到四千公尺不等，像日本新東京國際機場及德國的法蘭克福機場跑道，超過四千公尺的並不多。小的機場需四英畝的土地，中型機場需五百到一千五百英畝的土地，至於大型的機場則需一萬五千英畝的土地。德州的達拉斯／瓦斯堡機場是美國最大的機場，超過一萬七千五百英畝，約二十七平方英里的面積。如此大面積的土地很難尋找，舊機場要擴充也很難，位於大都市的機場沒有空間加建第二條跑道及新的航站；另覓土地興建機場，一方面不易找尋或距離市區太遠，且財務負擔過重，即使找到合適的地點，也可能面臨當地居民的反對，如機場法規限制機場旁的大樓高度，影響到民眾利益或在起降航線下的居民受飛行安全威脅。

　　在許多不利因素下，部分城市只好選擇以人工填海的方式在離海岸不遠處興建人工機場，可以二十四小時營業，沒有夜間宵禁限制，但卻需付出大量的成本，如自然生態環境的破壞、巨大的財力支出以及興建時間的延長。

　　機場代表一國之門面，旅客往往會以該機場的設備、服務品質來評斷該國的行政效率與整體的印象，為了博取外來旅客良好的印象，吸引更多的外來旅客，國際機場通常均有良好的設備來服務旅客，讓旅客能在經過長途旅程的勞累後，快速妥善的拿到行李，經過通關手續回到旅館休息。

三、機場服務

　　亞洲的機場最好客、服務最善解人意，全球十大機場逾半數在亞洲（**表3-2**所列是2006年世界上最佳的十個國際機場）。香港

表3-2　2006年世界最佳國際機場前十名

名次	機場名稱
1	新加坡——樟宜機場
2	香港——赤鱲角機場
3	德國——慕尼黑機場
4	日本——關西機場
5	南韓——仁川國際機場
6	馬來西亞——吉隆坡國際機場
7	芬蘭——赫爾辛基機場
8	瑞士——蘇黎世機場
9	阿拉伯聯合大公國——杜拜機場
10	丹麥——哥本哈根的Kastrup機場

資料來源：Skytrax 2006全球最佳機場前十名。

國際機場曾連續五年獨占鰲頭，香港機場餐飲設施眾多，從平價到高貴都有，航廈配置與標示十分合宜，能操多種語言的服務人員友善又熱心服務，對眼睛快要睜不開來的遠客是一大福音。新加坡樟宜機場居次。樟宜機場評比一向很好，是八〇年代早期啓用的機場，它安靜、寬敞、乾淨且井然有序，其行李運輸快速、準確，最受旅客稱讚。新加坡樟宜機場因爲設有游泳池、免費的電影院，且航廈處處用奇花異草美化，2006勇奪世界第一好機場的美名。南韓仁川國際機場也曾排名第三。

　　歐洲機場也表現良好，擠入十大的歐洲機場有慕尼黑機場、赫爾辛基機場、蘇黎世機場、哥本哈根機場。美國沒有，美國最佳機場只勉強擠進第二十名。

　　美國最好的機場是明尼亞波利斯機場，在全世界最好機場中排名第二十。其他機場的豪華享受也不遑多讓，在泰航曼谷機場貴賓室，旅客可以享受傳統泰式按摩，到約翰尼斯堡南非航空貴賓室，可以品味手工雕刻的家具，馬航的吉隆坡機場貴賓室裡甚至有

條小河，讓旅客坐在河邊小酌。

四、機場的設計

　　機場的外型、設計決定於其大小及設計時間，儘管在造型上不同，但其基本的功能及需求卻是一致的。新的大型機場較現代化，大都設有空橋由登機門直接通往飛機機門，旅客上、下飛機不須經由巴士接送或風吹日曬。

1. 航站大廳：是機場的心臟，內含各種設備，是旅客購票、辦理通關、登機、托運行李、餐飲、候機及旅客上、下機之地。此外，還包含各航空公司貴賓室、機員簡報室、氣象站及機場經理室。早期的航站是長條形的建築，1960年代開始發展出衛星狀的設計，旅客在中央大廳辦理登機手續，再經由電扶梯或捷運送到衛星站登機，其他航站的形狀設計有如環狀或馬蹄形，不需走很遠的距離登機。
2. 貨運站：上、下貨物或郵件之地。
3. 塔台：機場的神經中樞，指揮飛機起降。
4. 飛機棚廠：飛機停放或修理的地方。
5. 跑道：飛機起飛或降落跑道，兩旁有指示燈，長度與寬度必須能處理飛機的起降，要讓巨型廣體飛機起降，長度需三英里長。
6. 停機坪：停飛機的地方，接近登機門，方便電源車供電、飛機加油水、上下行李、餐食及旅客登機。
7. 滑行道：由停機坪到起降跑道之間的道路。

到底全世界有多少機場在興建，有多少機場在擴建，這數字

是很難計算出來的，但依照航空交通成長量及國與國之間日趨親密的關係，新機場的需求是迫切需要的，雖然美國是世界最大的空中交通市場，大小機場無數，一個大城市可能有四、五個機場存在，但根據波音公司推測，在2014年前每年成長率僅3.8%，不如亞太地區成長快速。

經濟成長影響到機場的興建與擴充，全世界的主要機場均面臨經營效率及營運收入的威脅，要保持在航空市場領先的地位，不斷地擴充、增新設備及提升服務品質是必要的，好的機場不但需要有良好的導航設備，安全的引導飛機降落，也需人性化的運輸系統來處理旅客出入境以及連接市區的交通網路，使旅客無論在停車、接送機、候機、轉機、行李運送、餐飲、登機、起飛、降落等方面，都能得到舒適、安全的服務。

專欄3-1　台灣桃園國際機場（TAIWAN TAOYUAN International Airport）簡介

第一航廈：

　　啓用日期：中華民國68年2月26日

　　樓層數：地面4層，地下1層

　　年旅客量：1,200 萬旅客

　　尖峰小時旅客量：4,000旅客／時

　　登機門：18個

　　停機坪：客運停機位18個、遠端停機位8個

　　證照查驗台：48個

　　行李檢查台：10座

　　一樓行李大廳：行李提取轉盤6座

　　停車場容量：2,207輛

第二航廈：

　　啓用日期：中華民國89年7月29日

　　樓層數：地面4層，地下2層

　　年容量：1,700萬人次

　　尖峰小時旅客量5,000人／時

　　登機門：20處

　　停機坪：客運停機位20座、遠端停機位7個

　　證照查驗台：58個

　　海關檢查台：17個（34線）

　　行李提取轉盤：6個

　　停車場容量：大、小客車4,200輛

有自動電車系統：聯通第一航廈及第二航廈

跑道：

　　1.北跑道3,660公尺長，60公尺寬

　　2.南跑道3,350公尺長，60公尺寬

營運成果統計：

　　民國94年台灣桃園國際機場進出航機為152,607架次，較93年增加3,669架次，成長2.4%。依航機使用性質區分，客運機為121,370架次，占79.53%，貨運機為30,096架次，占19.72%，其他航機1,141架次，占0.75%。

客運量：

　　民國94年台灣桃園國際機場進出旅客運量為21,700,702人次，較93年增加1,617,147人次，成長8.06%。依旅客性質區分，國際旅客19,213,399人次，增加1,491,133人次，成長8.41%，過境轉機旅客2,487,303人次，增加126,014人次，成長5.34%。

營運收入：

　　民國94年台灣桃園國際機場營運收入合計為新台幣一百二十五億九千萬元，較93年增加新台幣八億五千萬元，成長7.24%。其中降落費增加新台幣一億六千萬元，權利金增加新台幣二億八千萬元，租金增加新台幣一億八千萬元，機場服務費增加新台幣八千萬元，設備及地勤場地費增加新台幣八千萬元，其他收入增加新台幣七千萬元。

資料來源：中華民國交通部觀光局。

第四章
航空市場

* 全球航空市場營運簡介

* 台灣航空公司市場發展及航空公司介紹

　　航空市場發展在美國最早以運送郵件及包裹起家，這與以運送旅客爲目的的歐洲航空市場有所不同；這與土地幅員有關，美國土地遼闊地面運輸曠日費時，爲了能將郵件包裹快速送達，美國郵政部門首先聘僱飛行員擔任郵政工作，於1924年開始有定期航線，但是以郵政爲主，相較之下，歐洲民航業務比美國早些，第一家航空企業於1909年在德國成立。早期載客飛機經營困難重重，1920年代一位飛行員敘述：「在飛行時駕駛員總是攜帶口香糖、絕緣膠帶及一小瓶的醚，以防引擎過熱時，找地方將飛機降落，找出漏油的地方用口香糖補洞現用絕緣膠帶貼綁起來」。

　　雖然美國在客運方面落後歐洲，但卻後來居上主導了航空市場，也帶起市場開放、航空企業民營化的風潮。開放航空市場後，航線不再獨占、航空市場競爭白熱化，美國地區的航空市場仍占世界之冠，但成長率則趨緩；至於亞洲地區則仍有揮灑空間，成長率爲各地區之冠。新加坡航空雖然機隊不多，但其服務與銷售能力卻值得各家借鏡。而台灣的航空市場發展在開放天空後，亦出現另一種新的競爭局面，合併與結盟之聲不斷。

第一節　全球航空市場營運簡介

　　全世界的航空公司名列在Official Airlines Guides（OAG；航班信息指南）上的共約八百一十五家，若加上飛行地方性的小航空公司則至少在千家以上。若以飛機架數爲準，2004年，全世界飛機數量最多的是美國航空共七百一十架，其次是達美航空有五百四十三架，第三名是聯合航空四百九十七架，第四名爲西北航空四百五十一架，第五名爲溪南航空四百一十七架。在機隊數量排名中，美國籍的客運航空公司就占三千七百多架，可見世界的航空

市場仍以北美洲爲重心。

在營業額方面，2004年，以美國籍的美國航空排名第一，西南航空表現最優。在亞洲地區的航空公司以日本航空營業額最高，其次是全日空航空。在歐洲地區，則以英國航空第一，其次是德國漢莎航空。至於員工總數最多的是聯邦快遞，有員工約十一萬四千名，其次是美國航空十一萬一千名，第三名是聯合航空的九萬一千名員工。在獲利能力方面則以新航爲第一，達13.4%。

第二節　台灣航空公司市場發展及航空公司介紹

本節將介紹台灣航空公司發展沿革、台灣國內航空市場、台灣空廚、海外市場以及台灣的航空公司。

一、沿革

台灣航空運輸服務業之成立，是由美國飛虎隊成員結合部分大陸來台之中國航空公司及中央航空公司，共同組成之民用航空公司，簡稱CAT（Civil Air Transport），創辦人爲美籍的陳納德將軍，爲台灣最具代表性且也是唯一之航空公司。1967年，由於CAT唯一的一架波音727飛機在林口墜毀而結束營業，其成員則轉入日後之中華航空公司、遠東航空公司以及亞洲航空公司。

在CAT結束營業的同時，由二十六名空軍退休軍人湊足了四十萬元，合資創辦航空公司，向美軍顧問團承租飛機，開始發展台灣的民航事業，在慘澹經營、兩次面臨倒閉的危機情況下，適值中南半島爆發內戰，因經營戰地後勤空中運輸工作，乃得以起死回生，華航開始站穩腳步，以國旗爲機身，但當時先後也損失了十四架飛

機及四十九位人員的生命。

1962年，華航開闢台北到花蓮第一條國內航線，1966年，因越戰因素正式經營台北到西貢的國際航線，繼而擴展東南亞、東京、美國及歐洲航線。華航的成長歷程亦即台灣民航史的成長過程，華航因戰爭而茁壯，雖然其成立是由退休軍人加上其他「人頭」組成了董事會向政府登記營業，但其成長、延續卻是政府大力支持與出資才會有今日之成果。

隨著國際客、貨運及國內航空運輸迅速的成長，松山機場已不敷使用，1977年旅客量達五百萬，政府乃斥資於桃園興建中正國際機場，1979年啓用，成爲當時遠東地區設備最完善的民航機場，面積一千一百公頃，跑道長一萬二千英尺，有二十二個停機坪，以飛航國際航線爲主，台北松山機場則專門提供國內航線用，自從新機場興建完成後，我國航空事業的發展又向前邁進一大步。

台灣經貿發展迅速，國民所得增加，消費者對休閒、遊憩愈形重視，再加上地面運輸擁塞情形日益嚴重，在爭取時效下，使得空中運輸漸形重要。1987年台灣開放天空，對台灣的航空發展影響甚鉅，除了航線大增，原有的小型航空公司紛紛擴充規模外，其中以長榮航空成立影響最大，它爲第一家民間組成的航空公司被允許經營國外航線。長榮航空的成立意義重大：(1)它打破了數十年來台灣飛行國際定期航線寡占的市場，使得中華航空風光不再；(2)掀起了自由競爭的航空市場，也提升了服務品質、降低機票價格，消費者的權益受到尊重，市場更多元化；(3)擺脫中共政治打壓的航空市場陰影：由於政治因素，中共始終不承認台灣是一個獨立、主權完整的國家，因此在航空市場方面也一直打壓台灣，不願看到繡有中華民國國旗的中華航空（1995年飛機上的標誌改爲梅花）與中共的飛機並停於同一機場，同時也處處杯葛外國國營航空飛行台灣，以致影響許多外國國營航空公司另成立子公司，加個亞字，如

英亞航、韓亞航、日亞航、澳亞航等飛行台灣航線，以避免中共政治干預，而長榮航空的成立正好可填補中華航空無法飛行的航線及無法降落的機場（如中華不飛倫敦、巴黎及日本的成田機場）。

經濟自由，政治開放，國人赴海外旅遊的限制逐一消失，國人挾著強大的消費能力，吸引外國航空公司紛紛來台設站，1993年，台灣與英、法、德開始直航，往後由台灣飛往歐洲的航線不需再經由第三國，飛行時間減少，機位增加。目前，經由本國國際機場經營國際定期客運的航空公司含本國籍共有三十家，其中以中華、長榮、國泰三家的市場占有率最高。

二、台灣國內航空市場

1986年時，台灣經營定期國內外客運航線的甲種及乙種航空公司只有四家（僅有中華及遠東經營本島航線，永興及台灣兩家經營離島航線），1987年，政府實施開放天空政策，開放輔導新航空公司經營本島航線後，國籍航空公司家數於1994年達到最高峰，共計十七家（分別為中華、長榮、華信、國華、遠東、復興、馬公、大華、台灣、瑞聯、達信、中興、亞太、大鵬、金鷹、凌天、台北等航空公司），後經空運環境變遷及部分航空公司整併，航線由十七條增到2007年的七十條，飛機由1986年的八十五架增到目前的二百架，最熱門的為北高航線（國內的第二大市場為「台北—台南」），至於其他航線也在紛紛增班中，台灣國內航空市場一時熱絡，尤其是開放天空後，航線增加，大量引進新的機隊，航空公司所提供的服務品質與內容也大有改善，機票也由統一票價因應市場機能而有彈性調整，民國81年，交通部費率委員會決定打破機票調整幅度，改採各航線依不同成本、機型，採取不同調幅，並且取消票價下限管制，只定票價上限，業者可以靈活經營，淡、旺季機票

售價出現差距，國內票價自此邁向自由化。雖然期間遭到國內景氣不佳、惡性競爭、價格大跌及飛行安全的危機，但終能轉危為安，在市場需求下繼續向前邁進。

雖然國內市場蓬勃發展，但航線與航點終究有限，航空公司也以小型居多，在國外航空公司相繼實施結盟聯營的影響下，台灣國內航空也紛紛效尤，實施合資或購併，華航與國華結盟、長榮與立榮合作，目前經營國內航線之航空公司計有遠東、華信、復興、立榮、德安及中興等六家航空公司，其中德安及中興航空公司經營直昇機客貨運輸業務，使國內航空市場形成中華、長榮、復興、遠東四大陣營，其中以遠東航空的市場占有率最高。

三、台灣空廚

飛行時餐飲的提供是航空公司在服務旅客時極為重要的服務項目，航空公司在實際需求與市場競爭下，為了增加旅客的向心力，在餐飲提供方面無不卯足了全力，儘量來滿足旅客在機上餐飲的需求，於是空中廚房的角色就愈顯得重要。空中廚房業務只提供航空公司飲料和餐點的服務，透過科學管理、烹調技術標準化、食品材料供應安全化、餐具處理機械化、包裝設備自動化的流程，提供旅客新鮮、色、香、味俱全且多變化的餐點。

台灣的空中廚房歷史最悠久的是圓山空廚，成立於1965年，由圓山飯店在松山機場的餐廳發展而來，1979年遷入桃園中正機場並擴大營運，主要是提供中華、國泰等十三家航空公司；復興空廚則是由國產實業集團投資，提供新加坡、泰國等十四家航空公司；另外還有位在高雄的立榮空廚（原是馬公空廚），以提供國內航線的機上餐飲為主。由於空中廚房市場大有可為，目前每天約有三萬五千份餐點容量，由於以提供國際航線機上餐飲的圓山、復興業務

量已達飽和，難以應付日益增加的航空公司需求，1996年底，由華航（占51%股份）及國泰的太古集團（占49%）所投資的華膳空廚，資金約二十億，已正式啓用。

　　目前每週處理班機約有六百架次，平均每週供應十五萬份空中餐點。供應的航空公司有中華、國泰、華信、菲航、盧森堡等。1997年，由長榮航空與新航所投資的長榮空廚成立，資金約十四億，供應長榮、新航、英亞航、澳航等約一萬五千份餐點。根據民航法規定，這些空廚必須設在機場五公里內，這兩家新的空廚將會帶動機上餐飲文化的革新，也會爲圓山、復興帶來競爭的壓力。

四、擴充海外市場

　　在僧多粥少的情況下，原本經營國內線的航空公司也紛紛朝著經營國際定期航線的目標發展，先期以包機方式經營國際航點，俟達到一定量後，再向民航局申請經營國際定期航線，目前復興、大華、遠東、立榮均已先後取得資格，但大都飛行東南亞之次要城市，經營距離台灣較近的度假島嶼，或仍維持包機業務。國際航線不易經營之因素在於航線的開放必須經過雙方修約的方式來達成。我國民航局對外談判原則是多家指定，讓大家公平競爭，但因考慮營運成本和航線開發不易，因此政府在洲際航線均規定由我國籍的大型航空公司經營，故在競爭空間上均以中華和長榮優先考慮，俟每週航班超過一數定量時，才會讓第二家航空公司加入，以中加航線爲例，我國政府規定每週定點至少需七個往返航班，加拿大則規定每年載客運量達三十萬人次，才考慮讓第二家航空公司加入。1999年，中加航線達到當初協議標準，雙方同意各讓第二家航空公司加入營運，加拿大由加拿大航空（AC）加入，台灣則由長榮航空加入。

　　開放天空乃是一種趨勢，不但開放自己國籍的航空公司加入營運，目前也已擴及到開放給外籍航空加入營業。1998年，中美「開放天空協定」正式簽署，美國希望彼此之間空運不加以限制，以帶給消費者更低廉的價格，並可進一步使用延遠權飛往亞洲其他城市，以擴大美國在亞洲的航空市場。台灣的航空業者也將不限班次、航點，可延伸至美國境內與境外的城市。目前中華航空與長榮航空基於本身之經營規模與能力，均個別與美國的達美航空及大陸航空合作，以「共掛班號」聯營方式，取代直飛來拓展美國國內市場，如此可降低營運成本，並方便旅客節省轉機時間及行李直掛等好處。

　　東北亞國家目前並未將空中航線完全開放出來，由於中、韓仍未復交，但重開雙邊航線機會很大。日本目前已開放部分航線，但仍以中華、長榮為主，在自由市場與開放政策下，各國勢必無法堅持保護主義，大陸的航空市場更是我國民航業者所日夜期盼的目標。目前中正機場有二個航廈，三十八家航空公司飛抵，由該機場出發可飛航四十五個航點、二十餘個國家，在開放天空政策下，此數字將持續增加。

五、台灣的航空公司

(一)中華航空

　　中華航空（China Airline，國際代號CI，國內線簡稱CAL）當初雖然是由二十六位中華民國退休的空軍人員合資新台幣四十萬元所組成，並成立「中華航空事業發展基金會」，但卻有濃重的官方色彩，由政府在背後大力支持，該基金會的董事皆是透過政府單位

推薦，其董事長爲空中將領退休後接任，使華航實際上爲國營之航空公司。

中華航空於1959年正式成立，由楊道古先生擔任董事長兼總經理，初期承攬離島間的包機業務，1961年，華航接受美國中央情報局委託，執行空投運補寮國的特種任務，次年，中南半島爆發內戰，華航賣命執行空中運輸任務，終於立下日後發展的基礎。1962年，華航獲准經營第一條定期國內航線，飛航台北和花蓮之間；1966年年底，開始經營台北到西貢（現胡志明市）國際航線，並於次年啓用波音727客機；1968年，華航取代民航公司成爲國內第一大航空公司；1970年，開闢中美航線，進入國際航空市場；身負國際航線經營重任的華航，資金短缺，無力自行購買新機，乃透過民航局協助，由民航局向國外購買新機由華航以低率方式承租。

華航歷史最悠久，機隊陣容最大，對台灣的空中運輸貢獻厥偉，由於身分敏感、國營色彩濃厚以及背負國旗的角色而遭到許多阻力，並曾因制度不健全、營運績效不良而引起許多糾紛，飛航安全也數度亮起紅燈，1998年的大園空難造成二百零三人死亡，打擊尤深，爲了改良體質，乃釋出部分股份給民間團體，期能創造營運績效。

隨著旅遊資訊的發達，爲了提高營運效率、服務旅客，1991年，華航與其他亞洲航空公司合資設立Abacus電腦訂位系統，投資「先啓資訊公司」，負責Abacus的推動，目前Abacus是台灣地區旅行社使用占有率最高的訂位系統。1994年，與國泰航空公司共同投資成立專門供應機上餐飲的空中廚房──華膳空廚，以提高機上餐飲服務品質，並服務其他航空公司。1995年，華航改變識別標誌爲「紅梅揚姿」，取代倍受爭議的「中華民國國旗」，以因應全球性的策略聯盟。爲了順應競爭激烈的市場，在美國航線則與美國航空聯盟，共用班機號碼，由洛杉磯、舊金山續飛達拉斯、芝加哥、

邁阿密、華盛頓、紐約等城市；在歐洲則有航線飛抵阿姆斯特丹、蘇黎世、羅馬、法蘭克福等，至2005年10月31日止，飛二十三個國家，全球設有五十九個國際航點，三十六條定期客運航線，每週共飛二百九十七班。飛機數量：波音、空中巴士等各型航機共六十七架——客機四十九架，貨機十八架（至2005年9月30日止），以B747-400系列的三十三架最多，平均機齡5.4年。

華航過去對於股東成員一直視為商業機密，而有所保留，以致常遭外界的不當聯想。其董事長一職一向由空軍高級將領退役以後接任。以往空軍總司令退役後都會得到酬傭出任華航董事長，而空軍副總司令退役之後則被安排出掌民航局，因此民航局常遭抨擊，被稱為「華航的民航局」。1988年，華航二十七位股東捐出一切股東權益，並經主管單位同意和法院公證之後，成立「財團法人中華航空事業發展基金會」，以監督並管理華航的營運，1992年，華航獲准股票上市，總資產七百零六億，現有員工合計9,696人。

華航目前的經營管理權和高階主管已由專業經理人所出任，其公司編制在總經理之下設有三位副總經理，分別為技術副總經理、商務副總經理及行政副總經理，華航之組織架構如圖4-1。

華航最早飛行國內航線，但以「台北—高雄」航線為主，目前航線為「台灣桃園國際機場—高雄」此條航線，以B737飛行，擬以「低運量、高頻次」的策略來攻占北、高市場。1999年，華航於年底退出國內航線，全力經營國際航線。1998年，華航推出電子機票以降低成本，增加旅客服務。

華航2006年全年營收1,219億元（預估2007年營收將較上年增加6%～7%），營業利益28.34億元，平均載客率為67.1%。華航經營之國際線中，以香港航線載客數最高，占該公司國際線旅客的30.5%，其次是東京線。客貨業績名列世界一百五十家大航空公司的前四十名。

圖4-1 中華航空組織架構圖

資料來源：中華航空，公司簡介。

(二)長榮航空

長榮航空（EVA Airways，國際線代號BR，國內線簡稱EVA）是台灣實施開放天空下的產物。1988年，張榮發領導的長榮集團於長榮海運公司成立二十週年的慶祝酒會上正式宣布籌備長榮航空。根據交通部規定，經營國際運輸或貿易業務五年以上，聲譽卓越，

公司財務健全，而且每年營業實績達新台幣一百億元以上者，得經營國際航線定期客運業務，長榮航空乃於1989年3月獲准成立，並於1991年7月1日正式開航，飛行國際航線，從此我國國際定期航線不再是中華航空的獨占市場。長榮航空早期經營亞洲航線，繼之為美國線、歐洲線，擴充迅速，積極介入市場運作，價格以市場為取向，彈性大，也因此曾引起爭議。長榮航空重視旅客服務，空姐招募對象以國人為主，近年來提供不少就業機會。在客艙服務方面，長榮航空採四艙制，首創「長榮客艙」，原名豪華經濟艙，在頭等、商務、經濟艙之外，又讓旅客多了一種選擇。

1994年，長榮航空加入國內線營運，首創以波音767-200廣體客機（二百一十二個座位）飛行台北－高雄航線，帶動市場，其他航空公司紛紛效法，採購新型大飛機加入國內線。長榮航空為了提高整體經濟效益，增加旅客的服務，並給予小家的航空公司提供技術支援，相繼地購買台灣航空股權（30%）、大華航空（24.4%）、立榮航空（42.9%），形成策略聯盟，將資源作最有效的發揮。1995年年底，長榮航空為了配合政府的政策，加強中南美洲經貿關係，首航巴拿馬市，成為我國首次開闢中南美洲的航線。

長榮航空不遺餘力開發新航線，於1998年與美國航空大陸結盟，美國線除飛行夏威夷、洛杉磯、舊金山、西雅圖、紐約五個航點外，將可藉由大陸航空延伸到美國國內二十三個航點。在歐洲方面則有倫敦、巴黎、維也納、阿姆斯特丹等航點。目前長榮有機隊66架（2007年）。2006年的載客率為81.1%，全年營收達新台幣939.02億元，國際線旅客以澳門航線載客率最高，其次為洛杉磯航線及曼谷航線。

長榮航空發展迅速，在短短幾年間發展成為今天四千多名員工的大企業。其公司組織大約可分為七大部門，分別為：客運、貨

運、服勤、運航、機務、企劃、電算等業務（如**圖4-2**），此外，又與新航合作成立長榮空廚。長榮航空總公司和訓練中心位於桃園南崁，鄰近桃園國際機場。

(三)華信航空

　　華信航空（Mandarin Airlines, AE）是我國第三家飛航國際線的航空公司，成立於1991年，最初是由中華航空公司與和信集團共同出資成立故而命名為「華信」，以經營國際長程航線——加拿大溫哥華、澳洲雪梨及布里斯本為主。因是華航投資的子公司，早期董事長是由華航總經理兼任，原始功能是取代華航無法飛行的國際航線（華航在航空市場受到中共杯葛），減少政治壓力，維持競爭優勢。華信與長榮同時成立飛行國際航線，但發展受到侷限，成長緩慢，所飛行的航點不多，均由華航自行決定是否分配航權給華信。華信是台灣籍的航空公司唯一不飛國內航線的公司，但1999年8月合併國華航空，接手國華航空所有的航線及中華航空的國內航線，同時將加拿大及澳洲航線交給中華航空經營，華信航空遂轉型為經營區域性國際航線及本島航線為主之航空公司。

(四)遠東航空公司

　　遠航（Far Eastern Air Transport Corp, FAT）成立於1957年，由胡侗清先生所創設，當時主要的業務是每天早上替台北的各大報社送報紙到高雄去。是國內第一家民營航空公司，當時除了華航之外，遠航是規模最大的國內線航空公司，自1962年即開闢北、高定期航線，目前是國內線的翹楚，提供座位數最多，載客人數占有率最高，飛航史悠久。

　　遠航成立甚早，遠航總公司設在台北松山機場，1995年由中

圖4-2　長榮航空組織架構圖

資料來源：長榮航空「公司簡介」。

華開發信託公司（現爲中華開發工業銀行）及南山人壽保險集團入主取得經營權，目前員工總人數約一千二百人。遠航爲了提高營運效率，與IBM合作使用Marbe電腦訂位系統，1998年元月取得國際定期航線證書，未來將發展成爲區域性航空，並飛行海峽兩岸。

(五)復興航空

　　復興航空（Trans Asia Airways, TNA）於1951年成立，第一任董事長爲戴安國先生，1958年改變經營方針，暫停客貨運輸業務，全力經營國際代理業務，1966年在台北設立空中廚房，供應國際航線班機之機上餐點，1983年，國產實業入主復興航空，原以七十八人座的ATR螺旋槳型飛機飛國內短航線，但因應市場需求，又購進一百六十二人座的A320飛機，並積極開發國際航線，於1994年獲准經營國際定期航線，並繼續經營國際包機客運，目前復興航空的機隊，包括八架空中巴士（A320、A321）及十架ATR72型飛機，擁有將近二千名員工，未來將積極爭取開發大陸市場。

(六)立榮航空

　　1988年由澎湖地方仕紳共同集資成立，以彌補澎湖與台灣本島之間的空中交通不足，並以故鄉「馬公」爲名，以飛離島航線爲主，1995年，由長榮航空購併取得51％股份，改名爲立榮航空（UNI Air, UIA），飛行國內線爲主。目前已達到民航局規定每年包機至少須達六十架次的規定，取得經營國際定期班機資格，未來發展將以亞洲區域爲飛行目標，以飛航四個半小時的航點爲主。1998年7月，與大華航空、台灣航空合併，仍稱立榮航空，合併後之立榮航空擁有三十二架飛機、二千名員工，有助於改善其經營體質。此外，爲加強旅客服務也將全面實施電子機票。

　　爲了提供消費者更即時便利的訂位購票服務，立榮航空於2003年4月，開發自有的網路訂位購票系統，首創國內航空「線上劃位」。

(七)大華航空

　　大華航空（Great China Airlines, GCA）創立於1966年，專門從事直昇機農藥噴灑業務，該公司的主要投資者原爲香港華僑輪胎商，因經營不順利，曾一度停航。改組的大華航空爭取升格爲乙種航空公司加入國內定期航線之經營，1995年，長榮航空購入大華航空20%的股票，成爲大華航空股東之一。大華航空目前以經營國內市場爲主，1998年爲了因應國內市場競爭，乃與台灣航空、立榮航空合併，改稱立榮航空。

(八)國華航空公司

　　國華航空（Formosa Airlines Corp, FAC）原名永興航空，成立於1966年，以直昇機起家，當時業務爲接受政府單位委託噴灑農藥及拍攝航照圖，之後擴充買進小型飛機，以多尼爾飛機經營離島航線，早期經營載客率無法提高，經營不善，財務狀況也不理想，經營權數度易手。1987年配合政府的開放天空政策，正式跨入台灣本島航線。1995年更名爲國華航空，1996年與華航結盟，藉由華航的技術與資源來提升其經營效率與安全，是台灣國內航線最多的航空公司，並取得直昇機載運客貨之業務。國華在營運漸上軌道後，爭取升格爲甲種航空公司，獲得經營國際包機資格，無奈1996年在馬祖北竿機場的空難粉碎了國華開闢國際航線的美夢，1998年又發生外海墜機事件，更受到重創，曾一度遭民航局短暫停飛的處罰。1999年8月併入華信航空，國華航空從此走入歷史。

(九)瑞聯航空

　　1994年，以房地產和建築起家的台中瑞聯建設關係企業購併了於1988年成立的中亞航空，並改名為瑞聯航空（U-Land Airlines, ULA），以北、高線為其主要航線，以一百六十五個座位的MD-82型飛機營運，作風積極，於1995年12月推出震驚航空界的「一元機票」台北→高雄機票專案，引起了票價爭奪戰，是台灣票價風波的始作俑者，雖然最後遭民航局處以三萬元罰款而終了，但瑞聯卻如願的打響知名度。瑞聯以打入國際市場為目標，目前以外國航空公司的名義或以合作方式拓展國際市場。

　　惟當年以「一元機票」起家，掀起國內機票價格戰，國內低價航空鼻祖的瑞聯航空，因為虧損連連，飛機妥善率無法到達適航標準，並積欠民航局大筆起降費，於2000年遭到民航局下令停飛，因為積欠貸款，由瑞聯航空所屬的兩架MD82客機遭到銀行扣押，經債權銀行拍賣後，由國內一家保險公司承購，並交給遠航整修後租用。

(十)台灣航空

　　台灣航空（Taiwan Airways, TAC）於1966年成立，初期主要業務為航空照相、農業噴灑和不定期客貨包機，曾一度虧損連連，後由長榮收購，得以重新出發。台航以多尼爾及BN型飛機為主，共五架，以離島航線為主，1998年與立榮、大華合併，改稱立榮航空。

第五章
航空責任保險與飛安事故

* 航空保險種類

* 空運責任與航空責任險

* 機票背面條款內容與重大飛安事故

　　保險已成為現今社會必備之工具，航空運輸對保險更為重視，再加上消費者意識抬頭，對自身的安全保障不再保持沉默。每當航空意外發生時，理賠金額往往成為爭執的焦點，到底當任何飛行意外或損失產生時，旅客有何保障，各國均有一套理賠的標準，每家航空公司的機票背面亦有明確的載明。

第一節　航空保險種類

　　任何運輸工具均可視為危險物體，可能自我損傷（含交通工具本身及所載運之人及物品）或傷及無辜之第三者及物品。當一個航空器發生意外事件時，因其載客量及破壞能力，往往造成重大的傷亡及巨大的損失，因此站在航空運輸業永續經營、服務大眾的立場，保險是有必要的，可降低其經營風險。目前航空事業保險有許多種，其中可分為四大主要範圍：

1. 航空責任保險：包括：(1)乘客責任保險，主要針對飛機上的乘客；(2)第三人責任險，承保對象因航空器墜落或操作不當，導致第三人受傷、死亡或財物損失所應負之法律責任；(3)貨物、隨身行李及郵件責任險，亦即航空公司以受託承運貨物或郵件時，遭受損毀或遺失所應負之責任。至於被保險人本身、擁有者以及受僱於被保險人且正在執行勤務的工作人員，如駕駛員、空服員，則不包括在航空責任保險賠償範圍內，他們的保險由勞工保險或者雇主責任保險來承擔，因此其理賠金額與乘客是不同的。
2. 航空機體保險：保險器於飛行中、滑行中或停泊中所引起機體本身全毀或損壞之賠償責任。

3.航空兵險：因戰爭、劫機或其他槍械行為所引起之損壞賠
　償。

4.其他相關保險：如郵件、產品責任、搜索救助等保險。

第二節　空運責任與航空責任險

依據法律規定，飛機失事致人死傷或損毀動產、不動產時，
需採絕對責任主義，亦即不論故意或過失，航空器所有人應負損害
賠償責任，即使該損害為不可抗力之因素所造成亦應負責。自航空
器上落下之物品，所造成之毀壞亦需負責賠償。旅客於使用航空器
或上下航空器時，因意外事故造成傷害或死亡，航空器之所有人應
負賠償責任，但可歸於乘客之事由，得免除或減輕賠償。

旅客購機票搭飛機，機票內均有載明航空公司營運時，對旅
客、行李、貨物有所損害時，應付之責任與賠償金額，此外，旅客
搭乘航空器時應配合之事項與行李攜帶之規定也有明載。

一、國際線航空對旅客、行李賠償辦法

1928年，哈瓦那會議決議航空公司營運搭載旅客應發行機
票，並且檢查旅客之行李。1929年在波蘭的首都華沙簽訂「華沙
公約」，其主要內容是統一制定國際空運有關航空公司職員、代理
商、貨運委託人、受託人及其他有關人員之權力與賠償責任。世界
許多航空公司均有加入華沙公約之簽訂，該公約之部分要點航空公
司將其摘印於機票內，並提醒旅客注意。

(一)旅客之賠償

根據華沙公約規定，航空公司對於乘客傷亡之賠償，在無故意及重大過失情況下，採用責任限額賠償，最高賠償金額爲十二萬五千法郎或一萬美元。隨著局勢演變，部分規定已不符實際需求，華沙公約於1955年修訂，另於荷蘭的海牙訂定「海牙公約」，將航空公司賠償之責任限額提高爲二十五萬法郎或二萬美元。

美國民航局對於旅客之賠償另有規定，對旅客之賠償額度較海牙公約高，其規定凡是航行於美國境內之航空公司，必須簽署依照1966年之蒙特婁協定，依此約定任何航空公司由美國出發，或前往美國，或中途停在美國，不論飛機於何航段失事，其最高之責任限額賠償爲七萬五千美元（此金額含各種法律費用，如不包括訴訟費用，爲五萬八千美元）。任何不願簽署此協定之航空公司將不得航行美國。

(二)行李遺失或損壞之賠償

根據機票條文之規定，托運行李如果遺失，每公斤賠償限額爲二十美元。至於隨身行李遺失，賠償限額每人爲四百美元。如果全部旅程均在美國境內，每位旅客之行李賠償限額不得少於一千二百五十美元。旅客於提領行李時發現行李遺失應馬上向航空公司提出書面申請，並告知行李遺失之材質、體積、顏色、特徵以及攜帶之物品，並留下通訊地址，以便尋獲後馬上送還給旅客。在未尋獲前，旅客可向航空公司要求發給五十美元之「日用金」以購買日常用品，若仍未尋獲，旅客需在二十一天內向航空公司提出申訴。如果行李於運輸過程中受損，應於損害發覺後最遲於七日內提出書面申訴。航空公司對於易碎品、易磨物品不負賠償之責任，對

於貴重物品旅客最好隨身攜帶，如果要托運，可預先申報較高之價值並預付另外之保值費，否則航空公司均按規定不額外賠償。

(三)我國航空對旅客賠償辦法

我國雖是華沙公約的簽署國之一，但我國民航法對航空貨運損害賠償另有賠償之標準（依據八十八年修正條文），規定對每一位旅客之死亡應賠償新台幣三百萬元，重傷者賠償新台幣一百五十萬元，如果非死亡或重傷，賠償額標準依實際損害計算，但最高不超過新台幣一百五十萬元，如果被害人能證明其受有更大損害者，可就其損害請求賠償。至於對行李之賠償，托運行李每公斤不超過新台幣一千元，隨身行李，按實際損害計算，每人最高不超過新台幣二萬元。

(四)人為疏失，賠償金額則不在條文規定內

每次空難事件發生，航空公司對死亡之賠償金額，經常引起諸多死亡家屬之不滿與爭議。根據機票條款規定，航空公司對非航空公司之過失所造成之死亡，均採限額內之理賠方式，至於人為之疏失或故意所造成之死亡賠償，則不在規定範圍內。受害人若要索取超過限額的賠償，必須證明空難的發生是蓄意或人為的過失。經過修改的海牙公約如今也面臨不合時宜的爭議，許多國際航空也紛紛改變作法，大致同意不再訂定理賠上限，但也不會無限制地高額理賠，免得影響航空公司的經營能力，動搖事業基礎，並引起有心者蓄意破壞藉機斂財，造成飛行安全恐慌。

二、我國近年飛機失事理賠金額

　　民國83年,華航名古屋空難,每人賠償四百一十萬元;民國86年,國華航空多尼爾228馬祖失事,罹難者每人賠七百萬元(法定保險理賠一百五十萬外,國華與罹難者家屬達成和解,另賠償每人五百五十萬元),再加上十萬元慰問金、三十萬元喪葬補助費、二百五十萬特別補助金,最後合計總共九百九十萬元(事後要求比照華航理賠);民國87年2月,華航桃園大園空難,二百零二人死亡(含一百八十二名旅客、十四名組員、六名居民),每位罹難者理賠最後高達九百九十萬元(含二十萬慰問金、四十萬元喪葬費及一百三十萬元的特別慰問金)。目前國內理賠金額最高為民國91年的華航空難事件,高達一千四百二十萬,**表5-1**為民國70年至91年空難死亡人數及理賠金額。

　　我國空難實際的賠償金額與實際規定均有相當大的差距,由於時空變遷,海牙公約所規定之賠償標準已不符現況。交通部新修

表5-1　民國70年至91年空難死亡人數及每位罹難者賠償金額

時間	失事公司／地點	賠償金	死亡人數
70.08.22	遠航苗栗三義上空	260萬元	110人
75.02.16	華航馬公外海	260萬元	13人
78.10.26	華航花蓮加禮宛山	342萬元	54人
83.04.26	華航日本名古屋空難	410萬元	264人
85.04.05	永興馬祖墜海	700萬元	6人
86.08.10	國華馬祖撞山	700萬元	16人
87.02.16	華航桃園大園西濱公路	800萬元	202人
87.03.08	國華新竹南寮漁港外海	700萬元	13人
91.05.25	華航澎湖空難	1,420萬元	225人

註:不含慰問金、喪葬補助費和特別慰問金。

正完成的「航空客貨損害賠償辦法」（1998）將空難事故的死亡、重傷賠償標準由最高不超過一百五十萬元新台幣，修正為死亡最低賠償標準為二百五十萬元，重傷者一百萬元。受害人如果認為他所受的損害高於此賠償標準，向航空器所有人或運送人提出損害賠償訴訟時，賠償金額不受此辦法的限制。另外，非死亡或非重傷者，其損害賠償則由最高不超過新台幣五十萬元提高到最高不得超過一百萬元。此辦法所訂之賠償標準亦適用於航空器使用人或運送人的受僱者代理人。

三、超賣機位補償

　　航空公司為了確保機位能有效運用，尤其是例假日等旅遊高峰的季節，有時會接受超額訂位，亦即接受機位OK的訂位數超過該航班的座位數，主因是考慮起飛前取消訂位者及臨時不上機者（No Show）所造成的空位損失，然而此作法會致使機位已OK的旅客無法上機，遇此情況航空公司會尋求自願放棄機位者並給予補償，補償方式依各家航空公司規定，如免費升等、免費住宿、免機票、折價券、保險理賠等，但一般不直接以金額來補償旅客。如果沒有自願放棄者，航空公司則會依照機票的性質來決定登機優先權，對於被拒絕登機的旅客，航空公司會加以補償，以美國為例，會讓旅客搭乘下一班飛機，並獲得原機票款之補償。

四、飛機誤點

　　由於天候不佳、機場關閉或機械故障等因素而造成飛機延誤，在機票背面的定型契約中，均沒有對班機延誤的賠償規定，雖然各家航空公司在機票上均有說明不保證完全會按飛行時刻表上的

時間起降，但為了旅客的權益，在機件故障、天候不佳、罷工等因素造成飛機誤點，如果在四個小時以上，航空公司應免費提供通訊（三分鐘的國際電話費）、餐點及保暖物品，如果是晚上誤點，應設法安排住宿。

五、旅客搭機注意事項

1. 機場報到：國際航線旅客最好能在飛機起飛前二小時辦理報到手續，為了確保飛機能準時飛行，一般航空公司櫃檯都在飛機起飛前四十分鐘停止辦理報到手續。

2. 起飛、降落時務必繫上安全帶，飛行途中應按指示燈（Fastenseatbelt）規定繫好安全帶，飛機未停止前不可離開座位。

3. 禁菸：絕大部分的航空公司目前正實施機上禁菸，少部分日本航線除外，尤其是洗手間裡是嚴禁吸菸。

4. 行李：隨身手提行李可放置機上的行李櫃或前面的座位下。但較重的行李不要放在行李櫃，以免飛機遇亂流掉出來傷到別人；飛機中途停留，勿將隨身物品留置在機內。

5. 禁止機上使用個人電子用品，如行動電話、收音機、發報機等。

6. 禁止攜帶物品：壓縮氣體、爆裂物、放射性物品、毒物及傳染物、腐蝕物（劑）、易燃品、氧化物品及限量的液體。

7. 長程飛行，應避免造成致命的靜脈血栓症（又稱經濟艙症候群）。經濟艙症候群的出現，是由於長時間坐在狹窄的空間，缺乏活動，血液循環不流通，引致血管栓塞，輕則引起呼吸困難、胸痛，嚴重時會陷入昏迷，甚至猝死。想避免以上情況，可能的話，至少每隔兩小時站起來活動一下。

第三節 機票背面條款內容與重大飛安事故

本節分機票背面條款內容與重大飛安事故兩單元，機票背面會載明各項注意事項，若發生飛安事故，也將以這些條款為賠償標準依據。

一、機票背面各項條款內容

每本機票背後均載有旅客搭機時應注意之事情及航空公司對人及行李應負之賠償責任，旅客購機票將名字填於機票上即理同簽約，則應遵守機票上之條款內容，各家航空公司所列之條款內容，大致相同，但並非所有航空公司均有加入華沙公約或海牙公約，因此在賠償及搭乘飛機要求上會有所不同。

(一)機客注意事項

1.若貴客行程不適用華沙公約之規定及限制時，則適用中華民國之「民用航空法」及「航空客貨損害賠償辦法」之規定，其賠償額之標準為：對每一乘客之死亡為新台幣三百萬元；重傷者為新台幣一百五十萬元；非死亡或重傷者，按實際損害計算，但最高不得超過新台幣一百五十萬元；對登記行李，按實際損害計算，但每公斤最高不得超過新台幣一千元；隨身行李，按實際損害計算，但每一乘客最高不得超過新台幣二萬。

2.已訂妥回程或續程機位之旅客，請依本機票「機位再確認」

之規定辦理確認訂位。

3.本機票必須按票聯之順序使用，否則航空公司將拒絕貴客使用。

4.持用特種票旅客，請向航空公司或旅行社洽詢有關該特種票之規定及限制。

5.本機票票聯內所列時間為班機起飛時間。為使貴客能於足夠時間內完成登機報到手續，務請至遲於班機起飛前一小時到達機場櫃檯辦理報到。航空公司對於旅客因遲到而無法登機者不負任何責任。

(二)行李賠償限額之通告

1.航空公司對於行李之失落、遲到或損害之賠償責任，除乘客預先申報較高之價值並預付額外之保值費外，皆設有賠償限額。對大多數之國際旅程言（包括國際旅程中之國內行程部分），托運行李之賠償限額約為每磅美金玖元柒分（每公斤美金貳拾元）；隨身行李之賠償限額為每位乘客美金肆佰元。若干種類之物品得申報超額價值。若干航空公司對於易損、貴重或易腐物品概不負賠償責任。詳細資料，請向航空公司洽詢。

2.手提隨身行李：每位旅客僅能攜帶一件手提隨身行李進入客艙，該件行李應以可安全放置於座椅上方之置物櫃內或座椅下為準。其長、寬、高不得超過22×14×9英寸（或56×36×23公分），且其重量以7公斤為限。為了客艙內的安全與舒適，超過上述件數、體積及重量限制之行李皆應托運。若其總重量超過免費行李額度，則須支付超重行李費。除了免費手提行李外，旅客欲攜帶體積較大之貴重、易碎物品和樂

器等隨身行李，則須事先購妥額外之機位，以便能妥善放置於該額外之機位上。有嬰兒同行的旅客可免費攜帶一部全摺疊式嬰兒車或嬰兒睡籃；行動不便者可免費攜帶一部可摺疊式輪椅，但在客艙放置空間限制下，本公司有權視實際情況而決定將其裝於貨艙。

3.乘客須知：貴客行程之停留地或目的地如在起程國境外者，得適用華沙公約。該公約規定並在多數場合限制運送人對乘客死亡受傷及行李滅失損害之賠償責任（請參閱「對國際線乘客有關賠償責任限額之通告」及「行李賠償限額之通告」）。

(三)契約條款

1.本契約所稱「機票」係指本機票及行李票或使用電子機票時則為旅客行程表及收據（本契約條款及乘客須知為其一部分），所稱「運送」即係運輸，所稱「運送人」係指依據本契約運送或承運乘客或行李或擔任附帶於此項空運之其他服務工作之航空運送人，「電子機票」是指航空公司或其代理人所開發的旅客行程表／收據、電子票聯及可適用於登機之文件。所稱「華沙公約」係指1929年10月12日在華沙簽訂之國際空運統一規章公約或指1955年9月28日在海牙所修訂之該項公約（以適用者為準）。

2.依據本契約之運送，受華沙公約所定有關責任之規定及限制之約束，惟不屬該公約所稱「國際運送」者除外。

3.在不牴觸前項規定之範圍內，每一運送人擔任之運送或其他服務，應受下列之約束：除出入美國或加拿大國境之運送應依在各該國有效之運價準則辦理外，運送人之運送條款及有

關規章，概作爲本契約之一部分，並在運送人各辦事處隨時備供查閱。

4. 運送人之名稱在機票上可用簡稱，而運價準則、運送條款、規章或時間表內均列有運送人之全名及簡稱，運送人之地址應爲機票上首列運送人簡稱處所列之起飛航空站，約定之停留地即係本機票所列之停留地或運送人時間表所載屬於乘客航程內之預定停留地，依本契約之運送如係由數運送人相繼完成者，應視爲單一之運送行爲。

5. 航空運送人簽發在另一航空運送人航線上運送之機票及行李票，僅以後者之代理人身分爲之。

6. 運送人責任如有任何豁免或限制，應亦適用於其代理人、受雇人及代表人，以及以飛機供應運送人使用者暨其代理人、受故人及代表人。

7. 經簽收承運之行李應交付與行李票持票人。如行李於國際運輸過程中受有損害，應於損害發覺後即以書面向運送人提出申訴並應至遲於收到後七日內爲之；如有遲延，應於行李交付之日起二十一日內提出申訴。並請參閱關於非國際運送之運價準則或條款。

8. 除機票或運送人之運價準則、運送條款或有關規章另有規定外，本機票自簽發日起一年內有效，依本契約運送之運費，在起運前得與變更，適用之運費如未付清，運送人得拒絕運輸。

9. 運送人對乘客及行李當盡其所能予以適切迅速承運，時間表或他處所列時間，並非保證時間，亦不屬本契約之一部分，運送人於必要時得不經事先通知，改由其他運送人或飛機代運，並得變更或取消機票所列停留地，時間表之變更無須事前通知，運送人亦不負責換接班機。

10. 乘客應遵守政府一切旅行規定，繳驗出入境及其他必要證明文件，並在運送人規定時間內到達機場。倘未規定時間，乘客亦應早到機場，俾有充分時間完成出境手續。

11. 運送人之代理人、受雇人或代表人對本契約中任何條款均無權改變、修訂或捨棄。對任何違反法律或違反運送人所頒發之運價準則或規章而取得機票之人，運送人保留拒絕運送之權利。本票應適用運價規章。

(四)對國際線乘客有賠償限額之通告（以長榮航空公司為例）

乘客行程之目的地或中途停留地係在出發地國以外之其他國家時，謹通知此等乘客，華沙公約之規定或可能適用於其全部行程，包括出發地國或目的地國國境內之航段在內。如乘客之行程係來自或前往美國，或該行程中有約定停留地係在美國境內者，該公約以及適用之運送規章中所含之特別運送契約規定，長榮航空公司及加入該特別契約之其他航空公司對於乘客死亡或身體受傷之賠償責任，在大多數情形下，以經證實之損害為限，每一乘客不超過美金七萬五千元。此項限額以內之賠償責任，並不以航空公司之過失為依據。

如乘客搭乘之航空公司非加入上述特別契約者，航空公司對於乘客死亡或身體受傷之賠償責任，在大多數情形下每一乘客以大約美金一萬元或二萬元為限。加入上述特別契約之航空公司之名冊，在該等航空公司之售票處均有存置，可向其要求查閱。如欲獲得額外保障，通常可向一般保險公司購買保險。該項保險不受華沙公約或上述特別契約所訂航空公司賠償責任限額之影響。詳細資料，請洽詢貴客搭乘之航空公司或保險公司之代表。

上述美金七萬五千元之賠償責任限額係包括各種法律費用在

內。惟如提出賠償請求之在地國規定法律費用應另行計付者，則該
限額應為美金五萬八千元，不包含法律費用在內。

(五)機位再確認

如果您的訂位紀錄中留有當地聯絡電話，或已確實搭乘去程，
續程或回程就不必於起飛前辦理機位再確認。

(六)政府徵收之稅捐與費用須知

本機票價格得包含政府機關對航空運送所徵收之稅捐與費
用。上述代表航空旅遊相當部分成本之稅捐費用，得涵蓋於票價內
或在本機票稅捐欄項分別表示。貴客亦得被要求給付尚未收取之稅
捐與費用。

(七)班機超賣通告（美國本土及美國屬地不適用）

下列通告不適用於美國開立，且自美國啟程之機票。被拒絕
登機——機位超賣在被拒絕登機補償辦法或規則具有效力的若干國
家，航空公司對因超賣而機位不足致持有確認訂位之旅客被拒絕登
機時，依相關補償辦法辦理。該補償辦法之詳細內容，可向航空公
司之辦公處所洽詢。為減少「已訂位而未搭機的旅客」造成機位空
置的影響，及提供機位予其他欲搭乘此一班次的旅客，航空公司得
超賣航班之機位。航空公司盡力提供旅客已確認之機位，但並不保
證一定有機位。航空公司雖將盡力提供旅客機位或預選座位之需
求，但航空公司並不保證給予任何或特定座位，縱使貴客之訂位已
確認。

(八)危禁物品

基於飛航安全，於行李之內不得攜帶如下所列之危險物品：

1. 壓縮氣體（無論是否易燃或有毒）：例如丁烷、氧氣、液態氮、潛水用氧氣筒、噴漆罐、殺蟲劑。
2. 腐蝕性物品：例如強酸、強鹼、水銀及含水銀器具、濕電池。
3. 爆裂物：例如槍械彈藥、煙火、爆竹、照明彈。
4. 易燃物品：例如打火機燃料、火柴、塗料、稀釋劑、點火器。
5. 放射性物品。
6. 具防盜警鈴裝置之公事包及小型手提箱。
7. 氧化物品：例如漂白粉、工業用雙氧水。
8. 其他危險品：例如磁化物、具攻擊性或刺激性之物品。

二、重大飛安事故

世界各國均極為重視飛行安全，飛安事故發生之機率各國不一，比起一般之交通事故，卻低了許多，但要完全不發生則不可能。根據美國波音公司統計由1959年至1995年，飛機失事每百萬架次有三次之比率，失事主因可歸納為六大類：(1)飛行組員；(2)飛機本身；(3)維修保險；(4)氣候；(5)機場及航管；(6)其他因素；其中失事有64.4%是由飛行員所造成，90%是人為因素，以飛機起飛及降落機率最高。

專欄5-1　全球十大飛行失事

世界民航史上二十大空難（按罹難人數多寡排列）

1. 二千九百五十四人罹難：2001年9月11日，美國航空公司與聯合航空公司的兩架民航班機，自波士頓的洛根機場起飛後被恐怖份子劫持。恐怖份子駕駛這兩架波音767客機，故意撞到紐約世界貿易中心南塔和北塔兩座大樓，兩座大樓倒塌造成慘重傷亡。美國航空公司客機載有九十二人，聯合航空公司客機載有六十五人，地面喪生人數二千五百九十五人，此次空難共造成二千九百五十四人不幸罹難。

2. 五百八十三人罹難：1977年3月27日，泛美航空公司與荷蘭皇家航空公司的兩架波音747客機在西班牙加那利群島的田尼利機場相撞，機上共載有六百四十四人，五百八十三人喪生。

3. 五百二十人罹難：1985年8月12日，一架日航波音747客機在國內航線撞山，機上載有五百二十四人，五百二十人喪生，這是民航史上死亡人數最多的單機墜毀空難。

4. 三百四十九人罹難：1996年11月12日，一架沙烏地阿拉伯航空公司的波音747客機在印度首都新德里附近上空，與一架哈薩克航空公司的伊留申客機相撞，三百四十九人不幸罹難。

5. 三百四十六人罹難：1974年3月3日，土耳其航空公司一架DC-10型客機在巴黎東北26英里墜毀，三百四十六人喪生。

6. 三百二十九人罹難：1985年6月23日，印度航空公司一架波音747客機在愛爾蘭海岸外墜毀，三百二十九人喪生。

7. 三百零一人罹難：1980年8月19日，沙烏地阿拉伯航空公司一架L-1011噴射客機在首都利雅德機場因失火而緊急迫降，機上三百零一人全部罹難。

8. 二百九十人罹難：1988年7月3日，伊朗航空公司A-300空中巴士在波斯灣上空遭美國「文森斯號」巡洋艦以飛彈擊落，

二百九十人喪生。

9. 二百七十六人罹難：2003年2月19日，伊朗軍方一架俄製伊留申運輸機，從伊朗東南部希丹起飛，因天候欠佳在克曼市附近山區墜毀，機上二百七十六人全部罹難。

10. 二百七十三人罹難：1979年5月25日，美國航空公司一架DC-10型客機在芝加哥奧哈拉機場起飛時墜毀，機上二百七十一人罹難，地面二人喪生，這是美國民航史上死亡人數最多的單機空難。

11. 二百七十人罹難：1988年12月21日，美國泛美航空公司波音747客機，自倫敦希斯羅機場起飛後不久，在蘇格蘭洛克比上空爆炸墜毀，因飛機貨艙前段被恐怖份子放置炸彈。機上二百五十九人全部罹難，地面有十一人喪生。

12. 二百六十九人罹難：1983年9月1日，大韓航空公司波音747客機從阿拉斯加飛往南韓途中，偏離航道進入蘇聯領空後，被俄製SU-15戰鬥機以空對空飛彈擊落，墜毀於日本海的國際水域，機上二百六十九人全部罹難。

13. 二百六十五人罹難：2001年12月11日，美國航空公司空中巴士A-300型客機自紐約甘迺迪機場起飛後，墜毀於距機場約五英里皇后區的住宅區，機上二百六十人全部罹難，地面五人喪生。

14. 二百六十四人罹難：1994年4月26日，中華航空公司空中巴士A-300客機飛進日本名古屋機場時失事墜毀，機上二百七十一人中有二百六十四人不幸罹難。

15. 二百六十一人罹難：1991年11月7日，奈及利亞航空公司DC-8型客機自沙烏地阿拉伯吉達機場起飛後，因起落架故障而失火墜毀，機上二百六十一人全部罹難。

16. 二百五十七人罹難：1979年11月28日，紐西蘭航空公司一架道格拉斯DC-10型客機，在南極上空進行觀光飛行時，因高度不夠而撞山墜毀，機上二百五十七人全部罹難。

17. 二百五十六人罹難：1985年12月12日，艾羅航空公司（Arrow

Airways）道格拉斯DC-8型客機在加拿大紐芬蘭的機場起飛時在甘德市（Gander）附近失速墜毀，機上二百五十六人全部罹難。

18.二百三十四人罹難：1997年9月26日，印尼航空公司（Garuda Airlines）空中巴士A-300型客機，從雅加達飛往棉蘭途中，在距離機場三十餘公里處因森林火災煙霧造成視線不良而撞山墜毀，機上二百三十四人全部喪生。

19.二百三十人罹難：1996年7月17日，美國環球航空公司波音747客機從紐約飛往法國巴黎時，在起飛不久後即爆炸墜毀於紐約長島附近大西洋水域，機上二百三十人全部罹難。

20.二百二十九人罹難：1998年9月2日，瑞士航空公司MD-11型客機從紐約飛往日內瓦途中，因駕駛艙冒煙失火而失事墜毀於哈利法克斯附近的大西洋水域，機上二百二十九人全部罹難。

資料來源：「台灣年鑑」，http://www7.www.gov.tw/EBOOKS/
TWANNUAL/show_book.php?path=7_004_006。

專欄5-2　人類歷史上最大一次飛機空難

　　人類歷史上最大的空難事件並未發生在空中，而是發生在地面上。1977年2月27日星期日下午五時，意外事件發生在西班牙屬地的觀光小島，此島叫泰那綠（Tererife），位在堪那旅島（the Canary Island）附近。一架載有二百四十八名旅客的荷蘭航空波音747在跑道上準備起飛，滾行約一千三百公尺後轟然撞上正在滑行也準備起飛載有旅客三百九十六人的泛美航空波音747，荷航撞上泛美後，機身在一百五十公尺遠處落回地面，又向前衝三百公尺爆炸起火燃燒，機上所有人員全部罹難，至於泛美航空，飛機上層的頭等艙及上半部機身在撞擊中全毀，機身左側被撞出裂縫，使得部分旅客有機會由此逃生，機上三百九十六人中有七十人逃離飛機，但其中有九人死於醫院。

　　此次撞擊事件總計五百八十三人罹難，保險公司為此事件賠償金額驚人，含：

荷航飛機	二千三百萬英鎊
泛美飛機	一千五百萬英鎊
旅客賠償	一億一千萬英鎊
合　　計	一億四千八百萬英鎊

　　若以現在匯率1：40計算（當時更高），至少賠償五十九億新台幣，至於機場損壞維修及其他間接損失並未含括在內。

資料來源：*Airway*雜誌，1998年4月，第10期。

專欄5-3 歐洲最高飛航意外理賠——協和號客機失事

　　未曾發生意外，號稱安全性最高，屬於法航的豪華協和客機（Concorde），2000年7月25日，一架法航的協和號客機班機AF 4590 從巴黎戴高樂機場起飛後，在巴黎戴高樂機場飛機跑道上輾過一片碎片，導致其中一個輪胎爆胎，不幸打中客機油箱，導致飛機起飛數分鐘後即爆炸燃燒，於是墜毀在機場附近一家旅館旁邊，這一個墜機過程正好被一架攝影機拍攝下來。

　　這是有史以來第一架超音速噴射機失事，機內有一百名德國觀光客，這場悲劇奪走一百一十三條人命（含九名空勤人員及四名地面人員），為協和客機帶來了致命的打擊，保險公司面臨美金三億五千萬的賠償。這架包機搭載的度假旅客大都是德國人，經過協議發放給每位罹難家屬共一億二千萬美元不等，約合四十一億四千萬新台幣的賠償金，創下歐洲最高的意外理賠金額。

　　此後Concorde停飛了十六個月，儘管協和客機做了很多的技術測試和改進，但自2001年11月回復航行以來仍然小事故不斷，協和的聲譽自此一落千丈，2003年10月24日協和客機正式退役。

資料來源：「民視新聞網」，2001年7月10日。

第六章
業務與銷售

* 航空公司機位銷售管道

* 銷售策略

* 電腦訂位系統及銀行清帳計畫

　　航空公司的營運對象可分為旅行社業者及一般旅客，其銷售方式與業務性質不相同。付給旅行代理店的佣金支出也是各家航空公司關心的支出重點，也因此直接影響到航空公司與旅行代理店合作的關係。航空公司為了能減少支出，增加營運效率，採行各種銷售策略並採行電腦訂位系統以創造更多的利潤，此外，亦採行銀行清帳計畫以簡化結帳作業手續，並使用標準機票，讓旅行代理店的操作手續單純化。

第一節　航空公司機位銷售管道

　　航空公司的機位由早期自己銷售到透過旅行社代售，演變到今日只要能將機位銷售出去，如何銷售都可以。航空公司的機位銷售策略逐漸不再遵循IATA規定必須透過指定旅行業代理商代售的規定，航空公司對於即將到期而未售完的機位，以大量且低價的方式透過非指定旅行業代理商來銷售，或直接賣給商務或觀光客，這種擴大機位銷售管道的模式，雖然引起IATA指定合格可以代售機票之旅行業反彈，並混亂了配銷系統，但由於這種作法的確有助於出清機位，航空公司也堅持他們有權公開地透過任何管道來銷售（如圖6-1、圖6-2）。

一、機場直售

　　機票的實售價與票面價相距很大，由機場櫃檯販賣之機票通常以票面價賣出，國際線旅客除非不得已最好不要到機場購票，國內線機票由於市場混亂，雖然未必會買到票面價，但價格仍較高。

圖6-1　機位銷售管道

二、由航空公司的CRS賣出

　　隨著電腦的普及化，透過網際網路與航空公司的CRS連線，在美洲及歐洲地區頗為普遍，航空公司將產品公開給社會大眾，不定時會有折扣票藉由CRS公告，消費者不需透過旅行代理業即可在家裡透過電腦以信用卡刷卡方式購買到價廉的機票。在電子機票及無票飛行逐漸普及化後，此種銷售管道勢必有增長的趨勢，未來也將擴及到國際航線上。

圖6-2　長榮航空團體機位作業流程

資料來源：《旅報》，148期，頁9，1997年3月1日。

三、由一般代理商或Key Agency銷售

　　航空公司為了節省人事成本，大都透過認可之旅行業代理商來代售機票，並付給佣金，由於績效有限，無法有效地消化機位，有些航空公司乃進而尋找Key Agency（票務代理中心或票務批售票或總代理，簡稱GSA），選擇財力足、業務量大、願意承擔風險之旅行業共同合作，將彼此之間關係拉近，其合作方式有買（賣）斷

法及累計法：

1. 買（賣）斷法爲Key Agency以切票的方式，低價大量買進機票，自行承擔風險，將機票再賣給一般的代理商，賺取差價，未賣出的機票自行吸收。
2. 累計法可分爲「張數累計法」及「金額累計法」。張數累計法以每個月或季爲單位，於規定期間內達到營業張數，再發放利潤獎金；金額累計法亦即以業者向航空公司購買機票實際支付的機票金額計算，或者以旅客實際搭乘部分累積計算。

四、公司商務客

　　商務客一直是航空公司積極爭取的對象，以英國航空爲例，商務客雖然只占其總載客量的15%，但卻占公司總收入的三分之一。商務公司或旅客何以願意花較高的價格搭乘商務艙，根據Official Airlines Guides對商務旅客旅遊型態的調查發現，主要購買動機之一是來自工作上的壓力，航空公司對商務旅客無微不至的服務可以減輕旅行壓力，讓他們抵達目的地後能提起精神繼續工作。商務旅客行程安排緊湊，經常在最後一刻改變行程，臨時訂位或取消訂位情況時常發生。航空公司對於訂商務艙的旅客臨時取消位子並不會加以處分，雖然這對商務客極爲有利，但對航空公司填滿機位的策略卻極爲不利。同時發現85%的商務旅客是透過旅行社訂位，航空公司必須支付高額的佣金。航空公司乃採取主動方式，直接尋找商務旅行業務量大的公司與之簽約，如此可節省旅行業代理商之佣金支出。由於商務旅行大都由公司支付交通費用，航空公司以累積里程優惠（Frequent Flier Programs, FFP）來強化商務客忠

誠度，一般大公司因可得到票價折扣及累積里程數的額外獎勵，自然也樂意與航空公司合作。

五、包裝旅行或PAK

航空公司以機位販售為主，再加上飯店住宿、機場接送、早餐、市區觀光等，組合成半自助的包裝旅行，或者由航空公司主導策劃，旅行業者在共同的優惠條件下一起推動指定之產品（PAK），如市場上的英航假期、澳航假期、南非假期、美洲假期等，由於產品多樣化（使用不同等級飯店，價格不同），品質不錯，頗受消費者喜歡，尤其是喜歡自助旅行者，此種產品因人數少也可成行，有增加的趨勢。

除了一些低價航空公司，對一般航空公司而言，不論團體或散客經由旅行業者售票是其重要的銷售管道。旅行業者代售機票通常可拿到一定比率的佣金，航空公司為了鼓勵旅行業者增加銷售量，雖然也會提出獎勵佣金，但許多航空公司在節約消費壓力下，不得不開始考慮降低佣金支出，有些則鼓勵旅客透過電腦直接向航空公司訂位，不需經由旅行業者服務，此情況以個人旅行居多。

第二節　銷售策略

航空公司為了能繼續維持市場競爭能力，除了要考量航空公司飛行的航線及停留點、飛航班表、每週飛行頻率、飛機起降時間以及較舒適的機型外，也紛紛研擬對策開拓新的市場，提高市場占有率及增加載客率，以下是航空公司的市場營運策略。

一、輻軸式系統及點到點飛行路線

　　一些大的航空公司與當地的小航空公司合作使用輻軸式系統，在一些大的城市設立總站，由當地的航空公司使用載客量小的飛機飛低承載航線，將旅客集中於主要的城市，再由大的航空公司飛行於主要城市之間的高承載航線，這些小的或當地的航空公司往往為大的航空公司所擁有或控制，如此互相配合，使小城市的旅客能享受較多飛行班次的服務，價格也較低廉，航空公司則可增加載客率。但相對地，旅客並未完全蒙受好處，旅客將發現直飛服務的班機減少，為轉機所取代，同時間接地造成飛行時間的增加，對於商務客來說，可能造成更多的不便，但對價格較敏感的觀光旅客而言，對於以時間換取較低票價較能接受，由於世界各國均努力開發觀光客源，無論國內或國外旅遊的人數勢必會增加，此增加的趨勢將使輻軸式的營運策略得以繼續進行。至於小型的航空公司，由於財力、人力、物力等資源不如大型航空公司，以使用單純的點到點、飛行距離短的航線來進攻市場，通常是獨立經營，採用較小型的飛機，服務項目簡單，若能降低經營成本，如不透過旅行社或CRS來售票，並降低售價，增加競爭能力，在市場上仍有生存的空間。

二、里程優惠方案

　　航空公司為拉攏客人繼續搭乘其航空公司，以里程優惠方式（FFP）來增強客戶的忠誠度，只要旅客連續使用某家航空公司，在特定時間內累積到一定的飛行里程數，則可以享受下次搭機機位升等優惠，由經濟艙升等到商務艙或由商務艙升等到頭等艙，或者

贈送某一段免費的機票。此外,航空公司也與其他相關行業如信用卡、租車公司、飯店等合作,旅客如使用簽約合作之租車公司、飯店,則可得到一定額里程數優惠,使用特定的信用卡簽帳則可享受折扣等來鼓勵客戶統一消費。此外,航空公司也自己發行會員卡,一旦加入會員即可享受該航空公司所提供的特別服務,如優先登機、托運行李優惠、享用機場貴賓室或豪華轎車送機服務,讓會員覺得他與眾不同。FFP的使用的確可增加消費者的忠誠度,尤其最受商務旅客歡迎,由於他們需要經常旅行,累積到一定里程數後可為自己得到機艙升等的機會,或為家人賺取免費旅行的機票。

雖然FFP頗受歡迎,但也有其負面影響,FFP引起了非法販賣免費機票的機會,在北美地區有仲介商將獲得之免費機票販售給消費者,對傳統的旅行業者造成打擊,並引起機票市場的混亂。

由於經濟不景氣,部分公司財務緊縮,也開始注意到FFP的好處。商務客出差由公司付費,累積到了免費機票由自己獨享,此種好處將不復存在,部分公司要求航空公司或職員須將得到的免費機票交回公司,由公司統一分配運用,當作一種獎勵員工措施,或列入出差成本。

北美洲的航空公司最早實施FFP,1993年傳入亞洲市場,國泰航空最早採用,如今絕大部分的航空公司均有採用,否則很難與其他公司競爭,不可否認FFP仍將扮演航空市場重要角色,但其優惠條件與吸引力將逐漸不復昔日,尤其是當所有的航空公司都有相同措施時,這時FFP將會反過來變成航空公司沉重的負擔,最後不得不縮減優惠程度。此外,對於商務客及短程旅客來說,選擇航空公司首先考慮是飛行班次、起飛時間及路線,其次是服務品質,FFP非主要考慮因素(何況短程旅行,累積里程耗時,其影響力降低),一旦商務客無法擁有累積里程的優惠票價時,FFP的影響力將會大打折扣。

三、包裝旅遊

旅遊產品不像一般商品，今天沒賣出去，明日可以拿出來再賣，一架班機一旦飛離機場，未出售的機位就變成損壞的商品，成為公司的損失，所以航空公司必須想盡辦法在效期內將機位賣出。航空公司為了節省開支，均透過旅行社代為出售機位，再給予佣金，旅行社將機位結合其他旅遊服務，組成包辦式旅遊產品，賣給消費者，但近年來航空公司在競爭壓力下，不得不將觸角伸入旅行社的業務範圍，開始扮演旅行社的角色與旅行社爭食。依照航空公司飛行城市研擬出半包裝旅遊產品，開發自己的市場，旅客在付完一定金額後，可享用特定城市來回機票、住宿、機場接送機以及半日的市區觀光。產品以短天數為主，費用並不昂貴，以上班族為對象，滿足白領階層有錢但無長時間從事旅遊活動的需求，推出後市場反應不錯，對於喜愛自助旅行者來說頗為方便，因為前數日的住宿、接機已由航空公司安排好，旅客有充分時間先了解當地狀況，再計畫安排後續的行程，就不會手忙腳亂、無所適從。未來的旅遊市場，個人半自助旅行風氣將日盛，航空公司包裝旅遊的推出，不但對自助旅行者是一項福音，對機位促銷幫助也很大。由於航空公司資本雄厚，信用卓越，所推出去的產品較能受到消費者信賴與肯定，已有越來越多的航空公司加入。

四、電子商務

網路科技日趨發達帶動了電子商務的成長，消費者電腦知識提升及消費者對網路銷售接受程度，信用卡使用普及化，以及資訊快速傳達之優勢，全球航空公司已體會到網路銷售之必要性。航空

公司藉由網站，提供網友及一般消費群航空最新資訊、銷售活動及各航線路線及最新票價，以方便消費者快速取得、判斷比較、作最佳之購買決定。此外，航空公司可透過網路，建立會員資料庫，提供會員個性化服務，開闢便捷溝通管道。

近年來航空業的競爭越趨激烈，尤其是面對國際原油價格不斷上漲與同業競爭，航空業苦思改變營運方式以因應收益減少、利潤下跌的困境。因此，航空運輸業者在人事成本高居不下、油價上漲及旅遊業者競爭壓力下，如何降低營運成本，成為航空業者重要的管理目標，其中發展電子商務就是有效的因應策略之一。

電子商務提供航空業者許多競爭優勢，其優點如下：

(一)降低成本，提高價格競爭力

1.減少中間商佣金：電子機票尚未興起時，傳統購買機票的方式幾乎是透過旅行社等中間商訂購，航空公司需給旅行社佣金。網路的興起，航空公司航班資訊、票價、購票、優惠方案、注意事項等資訊都透明化地放在網頁中，消費者直接透過網路完成訂位、購票、機位安排等程序。以往這些透過旅行社安排的事項，現在消費者都能夠自行完成，不需到旅行社買票，航空公司付出的佣金自然也降低了。佣金支出的降低，可以直接反應在票價上，讓航空公司增加了訂定票價的彈性空間與競爭力。

2.機票製作及紙張使用成本減少：傳統機票一本四頁，使用電子機票僅一張而已，除了環保之外，也大量的降低了紙張的成本及機票製作成本。

(二)使用資料庫集中管理會員資訊

目前航空公司網頁均設有會員專區,會員們能隨時上網查詢相關資訊,如酬賓里程數等,或是修正資料。對於會員來說,節省了打電話詢問的金錢與等候時間,對於航空公司來說,大部分會員均能提供最新個人資料給航空公司,讓航空公司在管理及資訊提供均能更有效率。

(三)加強收益管理

機票票價基本上是隨著起飛日期越接近,機票票價的折扣空間越低,但在過去網路尚未普及時,票價和是否還有機位等訊息,必須親自去電旅行社或航空公司詢問,再行訂購,這樣的方式無法立即反應當時票價。但透過網路,航空公司會隨著市場需求機制更新最新票價及機位訊息,獲取最大效益,趕時間的顧客大部分也願意多付一點,選擇需要的航班。

(四)消費者滿意度提高

對於消費者來說,網路的立即性及便利性帶給消費者更方便訂購機位的方式,也能直接在網路上貨比三家,挑選最適合的航空公司及航班。對於消費者來說有三大優點:

1. 不受時間限制:揮別過去只能透過旅行社或航空公司人工訂位及提供班機資訊的方式,網際網路二十四小時不打烊,讓消費者隨時能夠上網查詢最新的資訊及購票。
2. 取票便利:傳統尚無e化的時代裡,必須事先去旅行社拿取購買好的機票,搭機當天再帶去。e化後,旅客可以透過網

路訂位、付款，並且當天再到機場報到和取票。比較起傳統
方式，消費者不僅可以省下原本去旅行社取票來回的交通費
用及時間，更不用擔心提前拿票是否會弄丟機票。

3. 電腦記錄查詢：過去機票遺失，處理的手續繁雜，萬一要搭
乘的班機起飛在即，遺失機票的旅客必定會行程受阻。但在
資訊整合的今日，若機票真的遺失或毀損，向航空公司反映
後，航空公司只需調閱訂位紀錄便可知遊客的訂位狀況和搭
乘班機資訊，迅速補發。

電子商務顛覆了傳統航空業的營運方式，它的便利性和資訊
透明化讓顧客有了更多的選擇、更快的購買方式，由此可見e化後
帶來截然不同的市場消費型態與衝擊，航空業者均用心開發與維護
此一e市場，以下三點為航空業於應用電子商務時應注意的要點：

1. 平台頁面應清楚、人性化、降低使用障礙：一個網頁頁面能
夠放置的資訊有限，如何規劃頁面，讓使用者能夠一目瞭然
航班與價格，且能快速直接地操作流程，達到降低使用者的
障礙。尤其是對網路使用不太熟悉的消費者，若在一開始就
能順利操作，之後便能大大提升使用網路訂位的習慣。

2. 多角化結合，提供多元服務：除了航空公司本身所提供班機
的服務之外，可以與其他旅遊相關業者結合，例如：線上旅
行社、飯店業、餐飲業、租車業等，推出較優惠套裝行程，
吸引消費者。

3. 加強網管安全性，提高顧客信心：電子商務雖然有許多優
點，並克服傳統對於便利性的障礙，但隨之而來的是要面對
新的挑戰。「網路安全性」是讓一些還在觀望、不敢使用網
路消費的顧客最質疑的問題。目前網路消費付款的方式有兩
種：一為網路刷信用卡，此種方式會讓人擔心被竊取個人資

料，甚至被盜刷信用卡；另一種方式爲ATM轉帳，但這種方式還必須親自跑一趟ATM轉帳，之後再上網核對，降低了原本網路的便利性。因此，如何保障消費者隱私和防止個人資料被盜取，成爲電子商務興起後必須克服的要點之一。

網路購買機票詐騙

　　航空業者表示，最近發現有些消費者到機場Check-in時，才發現這張機票已被作廢或失效，經調查這些多是在網路上購得，歹徒透過網路拍賣低價機票，佯稱自己任職航空公司，可以拿到折扣優惠。

　　網友得標後，歹徒會要求先付現款，同時以偽造的信用卡或盜用他人的信用卡，向網路旅行社購買機票並訂位、開票，再將此一紀錄交給消費者。等到網路旅行社向銀行請款，發現有問題，向航空公司要求作廢該張機票時，網友可能已經到機場報到了，而歹徒也早已拿到網友的機票款。

　　航空業者特別強調，買機票一定要向航空公司或旅行社購買，以確保是合法有效的機票，以長榮航空爲例，公司員工不能將機票轉售他人，因此凡稱自身任職長榮，而能拿到廉價機票者，長榮航空表示必屬詐騙行為。

　　由於航空界正推動電子機票，若遇到此種情況，網友手上什麼都沒有，求償更是無門，因此航空業者建議，即使是電子機票，也得要求對方開立或交付相關的交易憑證或收據。

五、機艙服務

　　航空公司爲了加深旅客的印象，提升長程旅行的舒適程度

（短行程由於飛行時間短，機艙內的服務相對地不是最重要），無不瞄準特定市場，強化機艙內的服務，例如：艙等的區隔、提供多元化的餐點、滿足特定對象對餐飲的需求；精緻化的餐飲，提供新鮮水果、蔬菜或熱食；加裝空中電話、個人電視及傳真服務；加大椅距，讓旅客坐得更舒適。由於景氣不佳，部分航空公司（如義大利、加拿大、荷蘭、澳洲安適、日亞等航空公司）將頭等艙取消，只保留商務艙及經濟艙。特別是加強商務艙的服務是各家航空公司努力的重心，如將椅距加大，由一般的三十八英寸，拉大到四十八英寸到五十五英寸不等，同時加大椅子的傾斜度，讓客人睡得更舒適，以及提升其他服務。英國的維京航空推出豪華商務艙，將椅距拉大到五十五英寸，有私人電視、美容按摩師服務及免費機場轎車接送，以近似頭等艙的享受，但只收商務艙的價格。為了拉攏旅遊客人，部分航空公司也開始注意經濟艙旅客的服務，國泰及新航也先後在經濟艙全面安裝六英寸的個人電視螢幕，播放電影節目，以吸引旅客。在未來飛機內部的陳設將會更人性化，在機內上健身房、賭博、洗澡沖涼，透過液晶顯示器以螢幕顯示機艙外面的無際天空與景色，或許不再是夢想。

第三節　電腦訂位系統及銀行清帳計畫

隨著電腦科技的發展，航空公司專用的電腦訂位系統的發明，使得航空公司、旅行社得以簡化大量繁瑣的工作，在行政工作、業務推展、促銷方面達到最高的效率。電腦訂位系統有兩大功能：(1)方便航空公司或旅行社直接、迅速地提供消費者在訂定機位及開立機票的需求；(2)更有效率地處理行銷、會計、旅遊資訊。

一、電腦訂位系統的定義與功能

電腦訂位系統是座巨大的資料庫，裡面儲存許多旅遊相關資訊，這套系統的擁有者為航空公司。航空公司藉此系統可以販賣自己的產品以及其他航空公司的產品，同時也可以提供飯店訂房、租車、簽證、護照、戲票等相關資訊的服務及交易功能。在資訊功能方面，CRS提供的旅遊資訊是可以讓旅行社獲得最新的航空公司飛行時刻表、機位狀況、航空票價。在交易功能上讓旅行社立即訂位、開立機票、開發票以及印出旅客旅行行程表。在未來CRS將能更進一步地直接讓消費者上線，進入航空公司訂位系統取得資訊及直接購買機票。

二、CRS及主要使用的航空公司

(一)美國

目前有四大訂位系統：

1. SABRE，是美國最大的CRS。股東航空公司為美國航空，它是目前世界最大的電腦訂位系統之一。
2. Apollo，在美國僅次於SABRE，股東航空公司為聯合航空。
3. Worldspan，是由PARS及DATASⅡ兩大系統合併而成，股東航空公司有三家，分別為環球、西北及達美。
4. System One，是較小的CRS，股東為大陸航空公司。

(二)歐洲

1.Amadeus，創始的四家航空公司分別為法航（AF）、西班牙航空（IB）、北歐航空（SK）及德航（LH）。

2.Galileo，也是歐洲的航空公司合股發展的CRS，1993年與美國著名的旅遊經銷公司柯維耳（Covia）合併，其股東航空公司包括十一家航空，其中聯合航空占38%，股份最多。

(三)其他地區

Abacus是亞洲地區電腦訂位系統，也是亞洲地區最大的CRS，成立於1988年，總公司設於新加坡，創立目的在於促進亞太地區旅遊事業的發展、提升旅遊事業生產能力。Abacus由中華航空、國泰航空等航空公司合資，並與美國的Worldspan合作。台灣的旅行社使用Abacus最多，國內市場占70%以上。

三、銀行清帳計畫

銀行清帳計畫（BSP-Billing Settlement Plan）乃經過國際航空運輸協會（IATA）各會員航空公司與會員旅行社共同擬定，旨在簡化機票銷售代理商在航空業務作業、銷售、結報、匯款轉帳以及票務管理方面之手續，制定供航空公司及旅行社採用之統一作業模式，進而大幅增進業務上的效率，節省時間與精力。

機票銷售代理商在加入BSP前，必須是IATA的會員，必須在IATA台灣辦事處上完BSP說明會課程，才能正式成為BSP旅行社，一旦審核通過後獲得IATA認可，取得IATA號碼之後，由航空公司授權給機票銷售代理商CIP卡，CIP卡上有航空公司名稱、標誌與

代碼，於開立標準化機票時打到機票上，使該機票生效，銷售代理商還必須有刷票機來開發機票，並將銷售代理商之商號名稱、地址及國際航協、數字、代號鑴刻於代理商名版上，此名版則固著於刷票機上，以防失落。刷票機可向製造廠商購買或租用。

　　旅行社參加BSP之優點為：

1.使用標準化機票，實施自動開票作業可減少錯誤，節約人力。

2.電腦中心統一製作報表可簡化結報作業手續；旅行社一次清帳，一次繳款至銀行，再由銀行轉帳給航空公司。

3.單一機票庫存，有助於機票保管之安全。

4.提升旅行社效率與服務水準，建立優良、專業的形象。

第七章
當前航空業市場生態分析

　　未來的航空公司必定是繼續成長，相對地，競爭也更加激烈，航空公司必須採行各項有利措施來因應，大型的航空公司及小型的航空公司採行的策略不同，但各有其優缺點，執行的成效必須配合航空公司自身的資源與實際的環境。雖然可以確定各家航空公司的購機及營運成本將節節升高，但票價卻是逐漸降低。

第一節　航空事業繼續成長

　　隨著各國經濟發展與需求，無論是商務或是觀光目的的出國旅行均有直線上升的趨勢，波音公司預測航空客運每年將有5.2%的成長率。1989年全世界有八千三百架商用客機，波音公司2007年發布的年度市場預測報告顯示，隨著空運需求的日益強勁，今後二十年，全球商用飛機將新增2.86萬架。到2026年，全球現役商用飛機總數將比目前的數量多了一倍。其中，新飛機數量所占比例將高達80%，價值總額2.8萬億美元。非洲及拉丁美洲的飛機最老舊，平均機齡為二十九年，用於載貨或軍用。亞洲的機隊機齡最年輕，舊的飛機保養費高，耗油且高噪音、高污染，先進國家在法令、環保、經營效益考量上，將考慮購買新機取代舊機（飛機的生命週期通常為二十至三十年，全世界機齡平均二十三年）。

　　航空事業之發展直接帶動了旅行風潮，並縮短國與國、人與人之間的距離。而隨著航空科技的演進，新的機型不斷地引進市場，大大地縮短兩地之間的距離與旅行的時間，增大載客容量、飛行舒適與安全，以及降低機票價格，間接刺激大眾使用飛機作為旅行的交通工具。如今出國旅行不再是遙不可及之事，搭飛機旅行就如同搭公共汽車一樣的方便且平常。資料顯示，在1993年，美國每三人中有一人搭過飛機，77%的美國成人有飛行經驗。

　　使用空中交通工具爲未來的旅行趨勢，爲了帶動經濟、發展觀光事業，各國紛紛採行開放天空政策，開放航空市場讓新的航空公司加入，開放航線讓更多的航空公司飛行。美國最早於1978年開始實施，不久歐洲隨後跟進，台灣也於1989年開放天空，長榮成立。各國國內航空市場的開放，只允許本國籍航空公司加入，但本著國際自由貿易、市場開放競爭原則，以及受到政治、經濟的壓力，開放天空也朝著國際化前進，開始允許外國籍航空公司加入經營。1995年，美國積極向歐洲開拓市場，簽訂新的航空協議，1997年，美國受到國內航空公司的要求，又與新加坡、台灣、馬來西亞、汶萊、南韓、紐西蘭等亞洲國家協議開放天空，開闢新航線，甚至取得延長航點的第五航權，期望能在亞洲開拓更大的航空商機。一旦市場自由化，阻礙發展因素減少，在供給與需求兩方面的刺激下，航空事業的發展必將較之以往更加興盛，在此大餅的誘惑下，新的航空公司不停地加入，新的航線被開發出來，新的飛機被購進，航空產品出現多元化，機票價格呈現彈性化。

　　雖然搭飛機的旅客逐年增加，但新的航空也不斷地加入，在強大的競爭壓力下，各家航空公司無不卯足了勁，花招盡出，各種優惠及服務方式紛紛出籠，期望能在市場上占有一席之地。雖然商務旅客願支付較高的價格換取好的服務品質及時間，但在世界不景氣影響下，各公司紛紛削減出差旅行成本，商務市場景氣不再。部分航空公司乃轉移目標，逐漸重視以休閒爲目的的旅客。但價格往往是以休閒爲目的的旅客考慮的重點，他們寧願多花點時間，多轉幾次班機來換取較低的價格，於是價格優惠戰成爲各航空公司的銷售策略，爲了吸引更多的旅客，不得不削價求售，在激烈的競爭下，部分老牌、大型的航空公司，承受不住成本增加、利潤降低的壓力，紛紛宣布倒閉。自由競爭的航空市場，改變了航空公司的體制與經營策略，消費者在各家航空公司競爭下，一改過去的劣勢，

成為最佳的受益者。

第二節　新機型的引進

　　在航空市場上有四大飛機製造公司，分別為波音公司、麥克唐納‧道格拉斯公司、空中巴士製造公司及洛克希德公司。各家公司為了因應市場需求，努力開發新機種，在兼顧速度、安全、載客量及節省燃料的要求下，提供給客戶最大的優勢。雖然世界上最快的飛機——巡航速度2.02馬赫，每小時二千二百四十公里，飛行「紐約—巴黎」及「紐約—倫敦」之間的協和客機——早已由英法合作開發出來，大幅的縮短旅行時間，但卻因音暴問題及驚人的耗油量與高昂的票價，無法廣受歡迎（相較一般飛機約二十美分的油費成本，協和號每英里需八十七美分的油費成本，且一架協和號飛機只載客一百人）。

　　目前波音公司所推出的B-747-400型是市場占有率最高的飛行長程的客機，而A-340是空中巴士的代表作，也是四引擎能不靠站產生最大經濟效益的長程客機。最近波音公司新推出的雙引擎噴射客機B-777是屬於雙引擎中載客量最大的客機，近三百五十個座位，座位數可媲美747，但機身較747小，機翼端可折疊，很適合日漸擁擠的機場需求，是目前第一個被允許飛越海洋的雙引擎客機。近年來因一架747型的飛機不能提供足夠的載客量，再加上機場擁塞，無法提供新的航機升降時段，有跨國公司計畫合作生產可載客五百至六百人的巨無霸客機，如波音747-600X及空中巴士A380，以紓解繁忙的空中交通。A380如果完全不分艙位，可載運八百人，其機艙分上、下兩層，可方便登機及緊急狀況時撤離，將於西元2007年開始航行。但對巨無霸客機尚有許多技術上的層面需

解決，如跑道長度、機場設備、出境海關政策以及低噪音等的配合實施。

此外，飛機飛行速度減少長途飛行的勞累及時間成本。2005年，日本在澳大利亞南部荒漠試飛新型超音速客機原型機，首次取得成功。本次試飛所獲資料將用於新一代超音速噴射客機的研發。設計者希望有朝一日能夠生產這種客機，用於長途客運飛行，以接替停運的「協和號客機」。

第三節　競爭與結盟聯營

由於航空運輸有其獨特性質，涉及層面較廣，相關的法令與限制也較多，以致航空公司無法任意擴展其市場策略，而政府既定政策影響也很大。在開放航空市場自由競爭下，新加入的航空公司必須與原來占有極佳優勢的航空公司競爭；原有的航空公司通常已先占有最佳的起降時間、班機劃位櫃檯，新的航空公司只好以較低的價格及較好的服務來抗衡。在激烈競爭及景氣不佳的影響下，部分大型航空公司虧損連連，不得不宣布倒閉或改組，此情況以歐美最嚴重。英航為了提升市場競爭也將原有國營體制改為私有化，減少赤字。在亞洲，日航（JL）和紐西蘭航空也相繼私有化以改善體制。亞洲市場相較之下，情況較好，世界50%的人口在亞太地區，商業活動熱絡，航空市場深具潛力，其中中國大陸的市場頗引人注意。1993年，《亞洲週刊》針對亞洲地區統計，資料顯示全球十家獲利的航空公司中有七家是亞太地區的航空公司，其中前五名分別為新航、國泰、英航、中華、泰航。雖然如此，但在過度擴充以及亞洲開放天空、歐美航空公司的加入下，也使得亞洲市場面臨競爭壓力，如法航、德航與達美由於台灣價格競爭激烈，在無利潤下

暫時宣布退出飛行台灣航線。台灣飛紐澳線的航空公司為了節省開支，取消了對躉售旅行社後退款佣金獎勵制度，直接影響到以量取勝的旅行業者的收入。

　　航空工業是資本密集的工業，需要有雄厚的資金作後盾，以應付日益增加的成本支出，要維持永續經營必須有穩定、長期的收入來源，同時，航空公司為了減少損失，必須設法降低營運成本，增加載客率及市場占有率，於是紛紛以合併或合作聯營的方式來擴大航線爭取市場，強化服務，尤其是飛航國際航線的航空公司更為積極，與其他航空公司聯營有兩個好處：

1. 開發新市場，藉由聯盟進入長久以來受當地政府保護的市場。
2. 分享資源，降低成本，可藉由其他航空公司原有的航線及設備，打入當地市場而不需自己去擴充航線，增加人力與設備。

航空公司聯營採取兩種方式：

1. 共用班機號碼（Code Sharing）：這種方式較普遍，約三分之二的航空公司採用此方式，且運用在CRS上有顯著的好處，能更有機會優先將飛行資訊呈現在螢幕上。
2. 主要航空公司買下小的航空公司股份，或航空公司互相擁有對方同樣比率的股份：這種屬於長期聯盟，關係密切，使用相同的銷售策略，但較冒險，易受對方財務危機牽連，此聯盟方式較不受歡迎。

　　以共用班機號碼的方式，如美國航空公司與加航（CP）共同使用一個班機號碼，航線由溫哥華飛到紐約，中途經過芝加哥，前段由加拿大國際航空飛溫哥華到芝加哥，後段芝加哥到紐約則由美

國航空公司自己飛，加航推廣美國線後亦可藉機打開台灣航線，藉
著飛行航線優勢，由台灣經溫哥華到紐約，比經洛杉磯的時間節省
一小時四十五分。又如長榮航空與紐航聯營台北飛奧克蘭，中華航
空與美國航空、長榮航空與大陸航空合作飛行美國國內線。中美洲
五家航空公司組成中美洲航空集團，以聯營的方式便利旅客。瑞
士、新航、達美、勝安四家一起推出環球世界機票，一年有效，方
便旅客從事環球旅行。為了爭食市場大餅，1997年，航空界興起了
聯盟策略，此策略並非合併航空公司，而是藉由互相合作，加強每
個聯盟成員在本地及全球所提供的服務，統一包裝產品，強化旅客
服務，企圖使聯盟服務航線遍及全球各地。聯盟服務的好處包括：
共用機場貴賓室、完成一次登機報到手續、共同使用全球訂位系
統、減少旅客行李轉運之不便，此外，還可連接各公司航線，推出
優惠、方便的環球機票。

　　為了減少營業成本，開創市場營運先機，航空公司紛紛尋找
合作聯盟對象，目前形成三大航空聯盟：

◆星空聯盟（Star Alliance）

　　以美國聯合航空（UA）為主。全球規模最大的航空策略聯
盟，係由五家創始成員於1997年所共同組成，包括：加拿大航空、
德國漢莎航空、北歐航空、泰國國際航空、美國聯合航空。聯盟成
立的主要宗旨係希望藉由各成員所串聯而成的環球航空網路，提供
乘客一致的高品質服務以及全球認可的識別標誌，加強每個聯盟成
員在本地及全球所提供的服務，並發展統一的產品服務。1997年年
底，巴西航空隨即加入。1999年，紐西蘭航空和全日空航空陸續加
入星空聯盟的行列，緊接著新加坡航空及奧地利航空集團（包括：
奧地利航空、勞達航空和Tyrolean航空）於2000年4月正式宣布成
為星空聯盟的一員，2000年後英倫航空加入，2003年3月韓亞航

空、4月西班牙斯班航空也正式加入聯盟組織，波蘭航空於10月正式加入。2004年5月全美航空加入，2005年3月葡萄牙航空加入，成為第十六家星空聯盟成員，2006年瑞士航空與南非航空正式成為星空聯盟成員，由於它們的加入將可以為星空聯盟的旅客創造更可觀的優惠和福利，目前十八家成員航空涵蓋全球五大洲的航線，將使星空聯盟的全球航空網路更為廣泛及完整。

星空聯盟的龐大飛行航線網，涵蓋一百五十二個國家、超過八百餘個航點，透過星空聯盟成員的共同協調與安排，將提供旅客更多的班機選擇、更理想的接駁時間、更單純簡化的訂位票務手續及更妥善的地勤服務，符合資格的旅客可享用全球超過五百個機場貴賓室及相互通用的特權和禮遇。會員搭乘任一星空聯盟成員的航班，皆可將累計里程數轉換至任一成員航空的里程酬賓計畫的帳戶內，進而成為該計畫的尊貴級會員，不僅如此，任一星空聯盟的乘客只要是持全額、無限制條件的機票，如果在機場欲臨時更改航班，不需要至原開票航空公司要求背書，便可直接改搭聯盟其他成員的航班。另外，星空聯盟更設計了以飛行里程數為計算基礎的「星空聯盟環球票」，票價經濟實惠，再加上聯盟的密集航線網，提供旅客輕鬆實踐環遊世界的夢想。

◆American / BA Group

以美國的美國航空為主（AA），於1998年9月結盟為「寰宇一家」（One World），是全球第二大航空聯盟集團，由十家國際級航空公司組成的「寰宇一家」聯盟，分別是匈牙利航空（MA）、美國美利堅航空公司（AA）、英國航空公司（BA）、香港國泰航空公司（CX）、約旦皇家航空（RJ）、芬蘭航空公司（AY）、西班牙航空公司（IB）、智利航空公司（LA）、澳洲航空公司（QF）、日本航空（JL）。

機隊達二千四百五十三架，擁有二十二萬名員工，飛航一百四十二個國家、六百九十三個城市，未來將有其他航空公司陸續加入。

◆天合聯盟（Sky Team）

於2006年6月成立，成員包括墨西哥航空（Aeromexico）、法國航空（Air France）、義大利航空（Alitalia）、美國大陸航空（Continental）、捷克航空（CSA Czech Airines）、荷蘭皇家航空（KLM Royal Dutch Airlines）、大韓航空（Korean Air）、達美航空（Delta Air Lines）、西北航空（Northwest）與俄羅斯國際航空（Aeroflot Russian Airlines）；天合聯盟旗下的航空公司，每日提供超過一萬四千架次航班提供全球六百八十四餘個目的地。

航空公司策略結盟可使雙方增加營運收入，擴大經濟效益，增大服務範圍。一般航空公司聯盟合作項目可能包括：

1.共掛班機號碼。

2.市場共同行銷、企劃。

3.協調飛航班機時刻，可藉此增加轉機班次，縮短旅客轉機時間。

4.跨航轉機作業，一票到底與行李直掛服務。

5.直接進入對方電腦系統中訂位、銷售機位。

6.共同使用機場貴賓室。

7.互相承認里程累積計畫。

8.地勤代理與機務維修。

9.聯合拆帳協定。

第四節　電子機票與無票飛行

　　航空公司為了減少開支,降低營運成本,並方便旅客旅行,近來也積極地推出「電子機票」與「無票飛行」的新旅遊方式。無票飛行是屬於電子機票形式之一,是一種不需要持票即可搭乘飛機的新模式。美國在1996年開始使用電子機票,如西北、西南、聯合及ValueJet等航空公司,其中以聯合航空最積極規劃。聯合航空在加州提供短距離往返(Shuttle)的飛行,旅客可透過旅行社或自行在機場利用機器購買電子機票,旅客訂好位子後會得到一個訂位代號及行程表,旅客在辦理登機時,只需帶有照片的身分證明或信用卡即可登機。新加坡航空於1997年也開始在新加坡到吉隆坡、檳城間的航線,為乘客提供電子機票之服務,乘客於班機起飛前三小時訂位,可以用信用卡購買。新航再將乘客行程表、收據及契約條件,以傳真或郵寄方式交給旅客,乘客在辦理報到手續時,僅需出示護照及購票時使用之信用卡,便可取得登機證。澳洲的安捷航空於1997年11月在其國內線開始實施電子機票,旅客以信用卡向旅行社或航空公司訂位,即可直接前往機場刷卡,不需領取登機證,旅客可減少遺失機票的風險,航空公司省去印製機票的成本及部分人事費用。雖然使用電子機票將廣為航空公司所採用,但仍有許多問題需要突破,但這種突破性的革新,勢必將影響到整個旅遊業市場的結構及關係。未來使用電子機票與無票飛行,旅客可透過電腦直接訂位,有關顧客的各項資料(如姓名、航班、艙等、費用、停留城市等)均存在電腦系統內,旅客將可得到一個專屬號碼,或由航空公司發給一張Smart Card,到了機場查對電腦,或直接刷卡,即可直接登機。

電子機票與無票飛行不僅可避免旅客遺失機票的麻煩，也可節省航空公司開支，如增加訂位流程的速度、人工時間的節省、機票紙張費用、旅行社大筆佣金（旅客直接藉由電腦向航空公司訂位，不需透過旅行社）以及退票後的退錢手續，預估美國各航空公司將可省下大筆的機票訂位所衍生出來的成本，但在五年之間，將有30%的旅行社因流失代售機位業務而倒閉。

目前這種新的措施仍有其限制條件，只能適用於點對點的航程，或是單純不需轉機或全程只使用一家航空公司的行程，至於跨國的國際行程因涉及到行李托運、海關檢查，部分國家要求於入境時須出示回程機票的法令規定，以及機場刷卡的設備及系統統一的問題，恐怕不是近期內可以解決。至於旅客心理的調適也是必須考慮的因素。

近來航空公司使用的ATB Ⅱ（Automatic Ticket / Boarding Pass）已逐漸在歐美地區普遍使用，這是有效率且簡易使用的機票加上登機證，ATB機票類似名片厚度，其特色為機票與登機證同時開出，旅客所有個人資料均輸入機票背面之磁帶中，可使劃位的過程加速，適用於國內航線飛行及沒有托運行李的情況。此外，在美國及歐洲，部分航空公司在機場或大學校園內設置販賣機，專賣簡易行程的機票以方便旅客購買。

第五節　小規模航空公司營運策略

在惡劣競爭下，航空公司生存之道乃在了解旅客的需求，並滿足旅客的需要，在狹縫中力圖生存的小規模航空公司，既無雄厚的資本，也無相等的競爭條件去與大型航空公司力拚，他們採取的是另一種完全相反的經營策略，並經營的相當成功，如美國的西太

平洋航空、ValueJet及歐洲的Ryanair、Easyjet和EBA Express，他們採用低成本、低票價的經營方式，採行單純的點到點飛行、不使用FFR、機艙內只有經濟艙單一等級、不對號入座方式。Easyjet宣稱它是世界上唯一不涉及CRS及旅行社作業的航空公司，所以它的每張票價平均2.5英鎊，同時，Easyjet降低機內人員之服務，只提供簡單的點心及飲料，其機票價格低，但沒有彈性且不能退票。採行「用它或丟棄它」的政策，使得no show的旅客比率降到3%，它將尼斯到巴塞隆納的票價訂成49、59、79及99英鎊四種不同價格，越早購買越便宜，最後一分鐘購買最貴，完全依照機位販售情況來調整，1995年，Easyjet的載客率達70%。總之，這些低票價的航空公司在經營上採用不同於一般航空公司的營運策略，例如：在機內旅客無法享受免費的餐飲或點心、只飛點到點的航線及使用較小較便宜的機場、不開機票只給旅客訂位確認號碼、透過網路賣票不付旅行社佣金、減少停在機場時間增加飛機使用率、限制每次最高飛行時間不超過兩小時。

這些低價航空公司以美國的西南航空（Southwest Airlines）陽春式服務最為有名，保持連續三十一年盈利的業界奇蹟，成為美國國內唯一一家保持盈利的航空公司。

如今亞洲地區也開始採行低價航空公司營運策略，如新加坡的捷星航空。在一片降價風潮中，機票票價是難以回升的，但是面對降價的損失與激烈的競爭，航空公司必須想辦法降低成本，同時兼顧經營效率，其中降低人事成本是各家航空公司努力的目標，其次是減低其他方面的支出，如佣金支出、一般性支出。此外，班機頻率及準時率也是成功的要素。

第六節　民航機市場之動向

　　第一次世界大戰使各國對飛機研發產生興趣，二次世界大戰將民航機的發展推向新的紀元，螺旋槳飛機逐漸被噴射機所取代，螺旋槳飛機只限飛行於短程距離或離島航線。如今第一代的噴射機如B707、DC-8、Caravelle已不再使用，第二代中距離的航線機種如B727、737舊型及D-9等已不再生產。1970年至1974年間，第三代的B747、DC-10、L-1011和A300等長程線廣體型機種的出現，使航運史正式進入大量運輸時代，1976年，由英法共同開發的超音速協和客機出現，震撼了全世界，將商用客機正式帶入超音速紀元，可惜由於成本及噪音公害等因素，僅生產十六架即告終止。1973年首次石油危機，航空需求呈現衰退，直到1976年開始好轉。但第二次的石油危機及市場開放競爭，使得1981年到1982年成為航空史上的黑暗期，知名的飛機製造廠商乃採用最新的開發技術，研發出省油、高效能的第四代新機種，如B767、MD-80、A320等中程航線機種。1992年，歐洲整合為單一市場，歐洲境內的國際航線和跨越大西洋的航線也將繼續擴大，亞洲的經濟也在起飛，中國大陸市場開放，亞洲與歐、美國家經貿往來頻繁，定期航空的旅客以5%至6%的成長比率在增加，1990年以後生產的飛機則以越洋航線、長距離飛行、只需二名駕駛操作、更節省人力的機種為主，如MD-11、A340、B777等高載客量的廣體客機。

　　1991年，波斯灣戰爭爆發，影響世界空中交通甚鉅，產油國科威特受到重創，油料價格再度引起注意，飛機油料的消耗仍是航空公司購買新機種時所關切的因素之一。長程空中飛行若能一次飛抵，最為經濟，可減少起降油料成本及機場使用費用，以長程飛

行省油觀點而言，以一次飛行六千到七千公里最經濟，目前噴射客機的巡航速度每小時平均是八百至九百公里，飛行的時間正好符合人類於機身內所能忍受的時限——七至八小時，載客量高的B747-400型是目前越洋航線的主力機種，於1995年出產且廣受歡迎的B777，則是第一架以兩具引擎作越洋飛行的機種，其耗油量遠較B747及A340節省許多，載客量與A340相差無異，其優越的性能將成為航空市場的新寵。

　　未來為了提升服務品質，滿足商務客及有錢階級需要，航空公司也將改變市場銷售策略，實施市場區隔，並縮短長程飛行時間，讓付得起高價機票的客人有其專用飛機，與一般遊客或經濟型客群分開。為滿足此市場需求，波音飛機製造公司已開始研發新一代音速長途客機（SonicCruiser），與協和號客機競爭，只設頭等艙及商務艙，一改貧富同機的做法。此種飛機速度接近音速，坐位約二百個，預料將為傳統市場帶來衝擊。

　　截至2006年全世界有飛機約一萬八千二百三十架，以北美地區占40%，使用飛機數量最多。全世界的航空業都會成長，也將開闢更多的新航線，影響成長的因素為世界各國的經貿成長，以及航空公司降低票價與提升服務品質。就地區性市場的發展而言，北美洲大陸航線密集，未來市場成長比率為3.7%，成長最緩慢，內陸航線以一百五十人座的飛機最為普遍，歐洲成長比率為5.8%，非洲5.0%，中東4.6%，未來中國大陸市場成長最快，飛機需求量最高，成長比率為8.5%。至於長程國際線的成長速度則以與亞洲地區相關的航線成長率較高，大西洋地區的成長率則趨向保守。至於長程國際線的成長速度則以與亞洲地區相關的航線成長率較高，大西洋地區的成長率則趨向保守。波音公司預測，今後二十年，九十座和四百座之間的單通道和雙通道飛機將成為新增飛機的主力，在新增飛機總量中所占的比例高達84%。其中，因低成本航空公司數

量迅速增加等因素的驅動，波音737或空客320等單通道飛機的市場需求量最大，可望達到一萬七千七百架，價值1.2萬億美元，並測在未來的2026年全世界的飛機將達到三萬六千四百架。

第七節　結　論

　　航空運輸事業未來的走向，仍然有很大的空間可供發展，隨著世界經濟景氣好轉，其成長的比例將更高。即使是在景氣不好的狀態下，航空旅行已成為人民活動的必備方式，即使商務旅行可能減少，但其他目的的旅行將不會衰減，所以航空事業必將成長，但成長的快慢將隨景氣好壞而有所區別。航空事業的成長並不表示航空公司將有利潤，大型航空公司將一方面降低成本，一方面提供更多便宜的機票及更多元化的機上服務，此作法可能帶來更激烈的競爭市場。航空公司要能生存，勢必走向聯營與合併；挾著資本雄厚的優勢，想辦法降低營運成本，提高服務品質，簡化手續，縮短旅行時間，讓營運更有效率，才是生存之道。未來航空公司會大型化，根據波音公司之預測，在2010年全球前二十大航空公司將擁有全球三分之二的市場。未來網際網路的普遍使用及無票飛行將被運用在航空公司的行銷策略上，消費者利用網路獲得航空公司票價及相關資訊，直接訂位、登機，此舉將形成另一波航空市場革命。

旅遊小常識

飛機頭等艙服務

　　對那些一年三百六十五天有三分之一的時間在飛機上度過的富豪們來說，漫長、寂寞的空中飛行常常令他們感到厭惡。但是，如果選

擇合適的頭等艙座席，空中之旅非但不會覺得乏味，而且將成為整個行程中一次美妙的享受，效果絕不亞於入住星級酒店。

與經濟艙和商務艙相比，頭等艙內的座椅、飲食、通訊、娛樂及所提供的服務都是最上乘的。通過專用通道登入機艙，頭等艙的貴賓們享受的不僅僅是一張普通座椅，而是可以輕鬆調節姿態的柔軟睡椅。飲食往往是根據不同乘客的口味要求提前二十四小時特別訂製的盛餐，長途旅行中還會提供各種小點心。酒和飲料也是精心挑選的，包括香檳、葡萄酒、威士忌。咖啡和茶也是在飛行過程中由專人烹製的。如果在飛行中尚有未處理完的緊急工作，你完全可以打開筆記本在足夠寬敞的工作臺上繼續工作，艙內已經為每位乘客配備了筆記型電腦專用的充電插座。當然，頭等艙的影視娛樂設施也相當齊全，除了可以點播觀看最新推出的影片外，還可以欣賞音樂、玩遊戲，甚至在空中就能洞察世界各地正在發生的時事新聞。高素質的空中小姐們將以微笑為每位乘客提供最周到、體貼的服務。

「財經雜誌網」公布2007全球最佳十大頭等艙航空公司，評選標準是根據英國著名航空業調查公司Skytrax，分析全球航空公司的服務水平。在十大最佳的頭等機艙服務中，香港的國泰繼去年後再度成為全球第一，特別提及國泰於次年起提升機艙服務，包括將頭等艙換上全新座椅，並由「椅」的概念，提升至私人空間的「套房」概念，座椅不但可調校成扶手椅、躺椅甚至變成81吋長睡床，並且兼具按摩功能，附有獨立衣櫃及17吋LCD螢幕。排名第二的阿聯酋及第三名的新加坡航空，也不約而同地計畫更換可變為大睡床的新款座椅，例如新加坡的頭等機艙座椅可達80吋長，設有23吋LCD螢幕連接文書及娛樂系統。

至於其他獲選的航空公司，它們提供的頭等艙服務可謂各適其適，計有卡塔爾航空提供寶馬7系機場接送服務，品嚐魚子醬、龍蝦等十道菜餚美食；馬來西亞航空更提供直升機機場接送；海灣航空提供司機、地勤、空姐、廚師及保母整隊人員的貼心服務。

資料來源：《中國青年報》及壹蘋果旅遊網。

第二篇

航空票務

第八章
航空經營管理與服務

* 航空公司組織

* 航空經營與市場需求

* 飛航班表

* 影響營運成本因素

* 旅行社及旅客對航空公司及其產品之選擇

* 航空公司機艙服務及搭載限制

　　航空公司的經營與管理，關係到市場競爭能力及生存條件，為了增加競爭實力，許多航空公司改變體質——由公營企業變成私營。而市場的需求，如觀光旅行的興盛也關係到航空公司的發展與經營方針。航空公司的營運成本可分為固定與變動成本，其中，人事開銷是航空公司最大的成本支出，至於付給旅行代理店的佣金支出，也是各家航空公司關心的支出重點，也因此直接影響到航空公司與旅行代理店合作的關係。

第一節　航空公司組織

　　航空公司依照經營的項目可分為客運及貨運。至於經營航線則可分為離島航線、國內航線、國際航線。若以經營方式不同來區分，可分為包機航空運輸、不定期航空運輸及定期航空運輸；全世界的航空公司仍以定期航線業務為主。航空公司之單位與其經營之相關業務有關，由於組織龐大人員眾多、業務繁瑣，必須分工合作並要求責任分明。一般航空公司組織可分為總公司、國內各地分公司、海外分公司及機票代理商，無論是何種型態之定期航空公司，其組織結構及相關業務大致相同（請參考第一篇第一章定期航空公司之單位及相關業務）。

第二節　航空經營與市場需求

　　航空公司的經營隨著市場競爭與遊客需求不得不求新求變，但並非每家航空公司經營策略均相同。

一、航空經營

　　空中交通成長快速，平均每年成長5%～7%，但以亞洲太平洋地區成長速度最快約20%，北美地區因已達成熟階段而成長緩慢。但航空市場目前仍以北美為主，其次為西歐，再來就是亞洲太平洋地區。全世界所有飛定期航線的航空公司總共約一千二百家，其中約有三百家是飛國際航線。各家公規模大小各異，其中以美國的航空公司規模較大，如美國航空（AA）及聯合航空有機隊約六百架，每年載客超過八千萬人，銷售業績超過一百七十億美元，聘用員工達九萬人，至於規模較小的航空公司有小到只有兩架飛機的。飛國際航線的各家公司，均加入簽署雙邊協定，以便能參與國際市場經營。

　　早期的航空公司都屬國營，由政府補助，直到1980年代才開始有私有化經營。隨著市場的變化及競爭壓力以及政府的財力赤字過大，許多國營航空公司逐漸轉型為私有化，政府也同時開始開放空中市場民營；有些航空公司是100%私有化，有些開放49%股權給民間（如Aeorflot，蘇聯航空）。此趨勢也已影響到遠東地區，甚至中國大陸。

　　航空公司的經營除了私有化之外，也開始走上國際化。市場競爭使得許多航空公司走上聯營，為了方便管理及合作，雙方互相擁有對方的股權，許多航空公司也開始購買外國航空公司之股權或為外國企業所收購，例如於1987年私有化的英航（BA）許多股份為外國公司所擁有，其中以美國公司擁有最多，而規模較小的航空公司常為規模大的航空公司所擁有。此外，另一趨勢是航空公司讓其員工分享股份；航空公司以股份交換員工薪資或其退休金，有些則以此鼓勵員工參與經營，此例子以美國之航空公司最多，如

USAir以股份交換駕駛員薪資。

二、市場需求

　　許多因素影響人們旅行，包含政治、經濟、社會等大環境，以及家庭或個人收入、航空票價、旅客服務等個別因素。於工商業社會，國際貿易成長促使商務旅客增加，個人收入增加刺激觀光旅遊成長；此外，社會結構變化，如移民國外、外出工作及留學遊學，提供了市場需求；人口結構的變化，如有錢有閒的退休人士投入旅遊市場，也替航空交通帶來新機會；生育率降低，家庭人口減少，促使可利用金錢增加，間接影響了航空旅遊機會；工作環境改變，如許多公司提供休假仍支薪的福利，讓上班族有時間外出旅行；民族習性也不容忽視，許多歐洲國家的人民有一年一次出國度假的習性，尤其在夏季紛紛南下尋找沙灘、海水及陽光。

　　旅遊動機及目的對航空公司在經營策略及管理上也有重大影響，旅遊目的包含商務、觀光休閒、探親、遊學、就醫等因素，其中以商務及觀光休閒為兩大旅遊動機。觀光旅遊成長速度遠超過商務旅行。觀光旅遊比較富有彈性；旅遊由於並非絕對必要，故對價格敏感，對低價機票需求殷切，機票票價過高會影響旅遊意願。反之，商務旅行較無彈性、機票價格考量並非最重要，方便性及舒適性是主要考量，他們往往臨時決定出發時間，故須付較高票價或願付較高費用搭乘商務或頭等艙。因此，商務旅客對航空公司而言是非常重要的收入來源，估計一般旅客占航空公司客源80%，商務旅客則只占20%，但收入來源卻以商務客為主，占80%。隨著全球電子通信的進步，如傳真、電子郵件、電子會議的快速發展，其功能越來越強，多少將對航空旅行帶來一些衝擊，但到底有多大的衝擊則眾說紛紜，仍須進一步的研究與市場調查。

第三節　飛航班表

　　航空公司的飛行計畫包括航線網、飛行路線、每週飛行頻率、飛機起降時間以及飛行時數。航空公司根據空運需求及配合政府政策開辦航點、航線，一旦確定飛行路線，乃根據市場狀況、經濟考慮、兩國政府雙邊協定有關機位之供應上限，安排每週飛行次數及使用機種。由於機場的負載能力及起降空間有限，航空公司往往不能隨意選擇，需預先協調，本國政府會為自己的航空公司爭取較佳的時段，國外的航空公司因此處於劣勢，使用較差的時段。

　　理想的飛航時刻表是旅客選擇航空公司的重要依據，理想的飛航班表為每週高飛行頻率、無中途停留或轉機、合宜的起飛和降落時間以及較舒適的機型。提供兩地之間班機往來密集的航空公司，因為考慮到在較差時段載客量低的虧損，其機票售價往往會較班次少的航空公司高，旅客也願付較高的費用以得到較多班次的選擇，此種旅客通常以時間緊迫的商務客居多。至於觀光客對價格較敏感，旅行業者傾向於安排價格低但時段差（如早班或晚班）或中途須轉機的班機。

　　航空主管單位均會要求公布各家航空飛行時刻表，並要求航空公司確實執行，以維持其準時性，除非因飛航安全及特殊狀況才能停止飛航。目前由於製造飛機的科技進步以及天氣惡劣下降落的輔助系統大有改進，技術性停飛問題大為減少。影響飛機起飛降落除了技術及天候問題外，機場的經營與設備也有舉足輕重的影響。一般班機的準時度以誤差時間不超過十五分鐘，空中交通繁忙的機場，班機誤點頻率高，尤其是須銜接的班機，如使用輻軸式系統的航空公司，因必須等待上一班機的旅客而不得不延遲飛行，也因此

往往產生連鎖效應，使得飛行次要機場的班機受到延遲，旅客產生抱怨的機會較高。

第四節　影響營運成本因素

航空公司營運風險大、成本高。任何天災、人禍、疫疾都會影響航空公司營運成本。

一、航空公司營運成本

很多因素會影響航空公司的營運成本，茲將影響因素分成三大項目：

1. 航空公司難以掌控的外在經濟因素：如員工薪資、油價、人為事故、機場及航管費用。
2. 飛機機型使用及其營運成本：地理環境（如機場跑道長度）之限制、政府簽訂的雙邊航空協定、航空交通流等，量均影響機型之購買，不同機型其使用之引擎效能及維修差異甚鉅。
3. 市場經營、產品規劃及財務方針：經營效率是決定因素。

航空公司的成本支出項目非常多，較一般企業行號複雜，可能由於天候、機械、人禍等因素而臨時增加許多營運成本，以下以一般公司的成本分析方式，可分為固定成本及變動成本。

(一)固定成本

固定成本與飛行次數、使用機型無關，不因業務多寡而變動，如：

1. 航空站費用：地勤人員、設備車輛、航空站租金及操作費。
2. 固定形象廣告。
3. 設備、管理及保險費。
4. 飛機購買及租用費。
5. 機票印製成本及代理商招待費用。

(二)變動成本

變動成本指因飛行次數及銷售量而產生之成本，如：

1. 個別廣告費用：如淡季之促銷。
2. 飛行人員相關費用：如機員之薪資及超時工作支出。
3. 燃料費、起降費。
4. 例行檢修、零件更換費用。
5. 飛機折舊費。
6. 旅客機上餐飲費。
7. 代理商佣金支出。
8. 意外成本：如因臨時天災、人禍及飛機延遲之賠償支出。

二、航空公司重要成本支出

經濟環境變化與航空成本最為密切，任何政治不利因素也會造成航空公司之經營成本提高，此改變往往非航空公司業者所能掌

控。航空公司能掌控之成本是：增加經營效率，減少飛機閒置於陸地上的時間；購買適當之機型，配合飛行不同性質之航線與航程，以達到最高的經濟效益；精簡工作人員，降低人事開支等。

(一)人事成本

勞力密集是服務業的特色，人事成本在航空公司的總成本中比例最高，西歐與美洲的航空公司，其人事成本至少占30%以上，而亞洲的航空公司所占比例較低。人事成本與薪資水準有關，在高薪資國家與有加入工會組織的航空公司，其人事成本較高，其中以資深的駕駛員薪水最高，近來有些航空公司為了降低人事成本，採取減薪方式，引起駕駛員的抗議，1999年6月國泰航空資深駕駛員因減薪而集體請假，造成飛行嚴重脫班，損失慘重。越來越多的航空公司乃傾向於聘僱不參加工會組織的員工，以降低成本及減少罷工風潮的危險。

(二)燃油成本

燃油成本以石油商的交貨價再加上國內所徵收的稅金來計算。航空公司購油成本依機場而有不同折扣。航空公司對油料價格反應敏感。在1983年由於石油價格上漲，使得航空公司的獲利搭載率由51%升到60.3%，航空公司只好傾向於購買引擎效益大、較省油的雙引擎機型。

(三)代理商佣金

對一般航空公司而言，經由旅行社或旅行業者售票是其重要的銷售管道。旅行業者代售機票通常可拿到一定比率的佣金，航空公司為了鼓勵旅行業者增加銷售量，也會提出獎勵佣金，例如美國

國內航線，旅行社業者可拿到5%的代售機票佣金。固定佣金外加銷售量獎勵佣金形成航空公司一筆龐大的支出。目前美國的航空公司機票銷售有80%是透過旅行業者代售，在歐洲及美國，一本機票含印刷、勞工的成本及旅行業的佣金，平均約十五到三十美元。1993年美國的旅行業代售機票佣金收入達七十五億美元，佣金比率為14.36%（含達到目標銷售量的額外佣金比率），占美國航空公司經營費用的第三名，僅次於人事費用及油料費用，許多航空公司在節約消費壓力的考量下，不得不開始考慮降低佣金支出，有些採取降低佣金百分比，或者不論一張機票價格是多少，一律採取固定金額的退佣方式，有些則採電子機票及旅客透過電腦直接向航空公司訂位，或者在大型百貨公司裝置自動售票機，不需經由旅行業者服務。今日，在美國超過60%的機位是藉由電話訂位，在歐洲90%的訂位仍透過電腦訂位系統或旅行業。

(四)機場起降費

機場起降費與航線費（如飛越他國領空）約占總營運成本的6%，機場起降費係依飛機重量再加上所載運的旅客數目以及機場使用時段，每座機場收費標準不同，端視機場之營運成本而定，以747-400型飛機為例，新的赤鱲角機場收六萬港幣，台灣的桃園國際機場則收十一萬台幣。

第五節　旅行社及旅客對航空公司及其產品之選擇

旅行社在規劃一個遊程設計時，應最先考慮行程安排中影響價格最大、操作最困難的部分，旅遊產品的組合往往以航空公司所提供產品的選擇影響最鉅，必須依照航空公司飛行的路線、班次、

價格來安排遊程，否則會造成轉機或候機時間的浪費、價格過高或遊程路線安排上的困擾。

　　航空公司產品的選擇，對旅遊產品能否順暢及獲利有決定性的影響。在行程設計時，對航空公司產品的選擇需考慮下列因素：

一、航空公司飛行的航線及停留點

　　如果每星期飛行班次多，則行程容易安排，其飛行的航線及停留點若能配合行程需求，旅客則可減少轉機或減少飛行時間。此外，去程與回程飛機的起飛以及抵達時間也很重要，對觀光旅客而言，去程晚上起飛，回程一大早飛回，是較不利的，無形中旅客的旅遊時間少了兩天。至於在旅遊途中也應儘量少安排一大早的班次，對觀光客而言，晚上的旅遊活動是較精彩的，為了趕飛機只好早睡，一大早起床趕飛機，不但精神狀況不好，且碰到早上上班的交通尖峰時段，易造成塞車延遲現象。

二、機票的價格

　　觀光客對價格最敏感，而機票價格往往占團體費用的三分之一左右，能取得有支持性的機票票價，無疑是出團成功的要件。一般航空公司通常會提供團體機票每十五位乘客給一張免費機票供旅行社之領隊使用（即FOC），但並非所有航空公司均如此，有些航空公司是採取低價政策或累計後退款方式。

三、機位的供應

　　旅行社經營最大的困難是淡、旺季機位的供需問題。在旺季時，雖有生意上門，但卻一位難求。以航空公司的經營立場，在旺季時，希望將機位賣給利潤較好的個人旅行，儘量減少價格較低的旅行社團體，因此如何尋求合作之航空公司則值得深思。這時旅行社可尋找航空公司淡、旺季時因供需而合作之夥伴，於淡季時支持航空公司將機位賣出，反之，航空業者則視旅行社於淡季時的支持程度，在旺季時給予所需之機位。此外，旅行社也可以找較新或財務狀況較差之航空公司合作，由於新的航空公司需要旅行社業者支持，會較熱心也較能配合。

四、信用額度

　　旅行社業者販售機票時需繳交一筆保證金給航空公司或IATA，若能取得較大的信用額度，如機票的開票量及付款日期的延長，對旅行社的現金周轉會有相當大的幫助。

五、有關機票的特性

　　機票本身因價格、季節、使用對象而有不同的限制條件，旅行社必須充分了解販賣給旅客之機票有何限制，以避免使用不當或過期而造成旅客的損失。

六、服務品質

除了價格外，航空公司的服務品質也是影響旅客選擇航空公司的重要因素之一。各家航空公司也盡其所能，提升服務品質以吸引旅客回流，這些航空公司所提供的服務項目及旅客所關心的服務品質包括：

(一) 飛航安檢

1.空中飛行安全控制：駕駛員管理及健康檢查。
2.飛機本身之安全檢查：定期保養是否嚴格執行。
3.旅客登機、搭機之安全維護：旅客安檢及緊急反應能力。
4.航空公司過去的飛航安全形象：有無出事率及其高低。

(二)資訊服務

1.通訊、網路資訊服務：直接定位、付款與航班查詢。
2.機場報到櫃檯顯示看板。

(三)旅客服務流程簡便性

1.訂位、購票手續之簡便性。
2.機場報到作業是否迅速流暢。
3.補位及超額訂位處理。

(四)人員服務

1.航空公司一般之服務形象。

2.訂位人員之服務態度。

3.報到櫃檯人員服務態度及反應。

4.班機誤點處理方式，安撫及補償溝通能力。

5.空服員機上服務態度及緊急應變能力。

(五)空中服務

1.飛機起降準確性。

2.機艙內餐飲服務。

3.機艙內電影、娛樂服務。

(六)行李處理

1.行李托運之便利性，如行李超重處理。

2.行李遺失或毀損之處理，如提供零用金及後送速度。

(七)飛行時刻便利性與飛行路線安排

1.每天都有班機或一日多班。

2.直飛或轉機時間適中。

第六節　航空公司機艙服務及搭載限制

　　針對不同需求的旅客，航空公司會提供特殊服務以滿足其需求，而在考慮到安全性及人力有限的狀況下，航空公司也會訂出適當的相關規範，讓乘客一方面能享受旅程樂趣，同時也能確保人身安全。

一、對嬰兒、幼童提供的服務

親子旅遊是海外旅行的焦點，父母們往往利用寒暑假期間帶小孩一起共享海外旅遊樂趣，航空公司也卯足全力讓小孩或嬰兒在漫長的飛行中能安穩舒適地度過，讓父母親們也能安心地搭乘飛機。因此，航空公司對於有嬰兒或小孩同行的旅客均有特別的安排與服務，旅客在搭乘前最好能事先通知航空公司所需之服務項目（一般是出發前二十四小時），以便事先安排，例如特別座位的安排，帶嬰兒者可以安排坐在有電影螢幕的那面牆邊，因為嬰兒床可以吊在那面牆壁上，或者安排有較大空間的位子可以裝設嬰兒床。一般航空公司對小孩或嬰兒提供之服務包含：

1. 兒童餐：如綜合水果、漢堡、薯條、餅乾、甜點等。〔註：兒童（Child）係指二歲以上，未滿十二歲之孩童〕
2. 嬰兒餐：須預訂。〔註：嬰兒（Infant）係指未滿二歲之嬰孩〕
3. 嬰兒食品：須預訂。
4. 紙尿布。
5. 換尿布台：設在洗手間。
6. 牛奶：依航空公司而定。
7. 嬰兒床：依機型不同而有數量限制，每架約四至六張，最好預約。
8. 嬰兒車：航空公司允許可折式嬰兒車帶入機艙。
9. 玩具：可向空服員索取拼圖、圖畫書、撲克牌等。

二、餐飲服務

　　機上餐飲的提供隨著艙等而有不同程度的服務。頭等艙高級享受，有鋪好的潔白餐巾、精緻的水晶杯、多種類的飯前酒、爽口高貴且種類繁多的佐酒小品，使用高級瓷盤及各式各樣的主菜選擇，並有高級佐餐酒、飯後酒、新鮮水果及甜點、咖啡或茶；商務艙則精美細緻，使用陶瓷製品、玻璃酒杯，菜色精美，但不如頭等艙多樣化；經濟艙則適合大眾口味，將所有食物全裝在美耐皿一次供應，主菜二選一，使用塑膠杯、紙巾，有可樂、番茄汁、柳橙汁、紅酒、白酒、啤酒、威士忌、白蘭地、茶、咖啡等飲料可選擇，食物一人一份，飲料可續杯。

　　航空公司為了迎合不同宗教及飲食習慣者之需求，也推出一些特別餐供旅客選擇，但必須預先約定。

1. 素食餐：可分為普通素食、印度素食、完全素食、生乳製品素食等。
2. 低卡路里餐：低脂、低糖、高纖維，配蔬菜水果。
3. 猶太餐：肉類須先經過放血處理，且必須經過膜拜程序，並以膠膜密封保存。
4. 糖尿病餐：注重纖維質提供，以及適當的醣類或澱粉質控制。
5. 低鹽餐：餐中低鹽，較平淡無味。
6. 低膽固醇餐：使用無油無糖的餐食。
7. 印度餐：不含牛肉。
8. 訂蛋糕：蜜月蛋糕、生日蛋糕等。

三、其他相關服務

(一)吸菸

　　隨著健康訴求及全球禁菸活動，短程的飛機均有禁菸的措施。至於長程航線因考慮癮君子需求，在飛機後段闢有吸菸區，但越來越多的航空公司因顧及大多數人的健康利益，逐漸地取消吸菸區，往後機上抽菸將不復存在（但為服務癮君子，在機場則有設置抽菸室）。

(二)娛樂

　　關於機上娛樂，各家航空公司推陳出新，有些在每個座位椅背上裝有個人電視螢幕，可以自由選台，裝配衛星電話，方便旅客對外聯絡，但一般航空公司基本項目包括報紙、雜誌、耳機及可選擇的音樂、新聞、共看電影節目、撲克牌。以後航空公司為了提供更好的服務，除了在座椅安裝數據系統讓乘客使用手提電腦收發電子郵件或進入企業網站外，未來旅客將可透過空中攝影機，欣賞機外風景，解除長程飛行之無聊。

(三) 免稅品購物服務

　　一般機上的航空服務人員會利用空檔銷售免稅商品，銷售項目及價格可參考機上發給的雜誌。

(四)小孩及老年人之服務

針對單獨旅行之小孩或年長者，可事先要求航空公司協助機上照應及下機之指引。

(五)其他用品

越洋航線有梳子、牙刷、襪子等個人清潔用品，同時備有耳機供應旅客欣賞影片及聽音樂。

四、未成年兒童單獨搭機（Unaccompanied Minor, UM）

1. 出生十四天以內的嬰兒無論是否有父母陪同，大部分航空公司不受理搭機（註：各家航空公司規定約有差距，最好親自詢問需要搭乘的航空公司）。

2. 基於安全及設備因素，嬰兒不得坐在機艙內的上層機艙（僅B747有）。

3. 三個月以下的嬰兒，航空公司不接受單獨旅行，超過三個月但不足三歲的小孩如果單獨旅行，需請航空公司派人照顧，但須另外付費。超過五歲的小孩可以允許單獨旅行，不需另請航空公司派人照顧，但須知會航空公司機內人員以便隨時照應。

4. 一位成年人只能帶兩位嬰兒，或一位嬰兒和一位小孩一起旅行。

5. UM的合法監護人或父母不可在旅行飛行中途離開，必須陪伴到機場為止。

6. UM不能在旅途中作停留，除非有父母的書面同意，並在轉

機地方安排有人接機。

7. 有人陪伴的嬰兒旅行如果占位，需支付小孩的機票費用，如果帶超過一位嬰兒，則第二位收取小孩機票費用。

五、特殊乘客搭機

(一)懷孕的母親

1. 懷孕三十二星期以內的母親搭機可以不需提出健康證明。
2. 距離預產期只剩四週的母親，航空公司得拒絕搭機，除非是特殊狀況或人道因素，但必須經航空公司醫生同意，且有醫生或合格護士在旁照顧一起搭機。
3. 生產後七天之內不接受搭乘。

(二)需擔架的乘客

1. 原則上一個航班只能接受一位需使用擔架的病患。
2. 該病患必須有醫生陪伴，除非醫生出具證明該病患在機上不需接受治療，則可由親屬或監護人作陪。
3. 必須事先向航空公司預訂並說明。
4. 費用是一般經濟艙全票的四倍，不適用於團體票價（小孩病患亦同）。

(三)使用輪椅的乘客

1. 需輪椅上下機，無法自行通過階梯，但在機內不需任何協助者沒有限制。
2. 需輪椅，在機內亦無法自行行動者，需有一位醫生或護士陪

伴搭機，若有醫生開立證明該病患在飛機上不需接受治療，
則可由親屬或監護人陪伴搭機，此監護人之座位必須與病患
一起。

3.使用輪椅的乘客座位安排在出口或廁所附近，但不得在緊急
出口處。

(四)耳聾乘客

1.耳聾乘客必須有人接送機，如果需轉機必須事先再確定機位。

2.如果有導盲犬協助，一個航次最多只能有兩隻導盲犬。

3.導盲犬將安排靠近牆邊的位置，且必須躺在耳聾乘客之腳
下，在機上不能餵食，只能喝水。

(五)眼盲乘客

1.眼盲之乘客如果有人陪伴無限制。

2.一位成年人最多只能陪伴二位盲人搭機。

3.沒有人帶領之盲人必須有人接送機，如果需轉機必須事先再
確定機位。

4.眼盲乘客之導盲犬限制如同耳聾乘客。

(六)被拒絕入境之乘客

乘客因為沒有工作證、簽證過期、非法入境、放逐者或被遞
解出境者。

1.每一個航班最多只接受四位沒有人監護的被拒絕入境乘客。

2.被拒絕入境者如果是有危險的，航空公司得拒載，除非有監
護人。

(七)犯人

1.有危險的犯人必須有兩位監護人押送。

2.沒有危險的犯人必須有一位監護人押送。

3.有酒精之飲料不得提供給犯人及其監護人飲用。

4.一個航班最多只能接受四位犯人搭機。

六、攜帶動物上機

攜帶動物旅行的乘客必須特別注意目的地國相關的法令，每一個國家對動物入境均有不同程度之要求，基本上航空公司為了旅客之舒適，將動物當作一件托運行李看待，如果動物不與人一起搭機或者動物本身體積過大或有野性，應以貨運方式載運。旅客攜帶動物入關，如果不符合該國家相關規定，航空公司及旅客將會遭遇下列情況：(1)該動物將被毀滅；(2)載運之航空公司將被罰款；(3)動物如果需長時間隔離檢疫，費用由旅客支付。

通常攜帶動物上機需注意下列事項：

1.飛機只接受寵物，如狗、貓、鳥在機艙內，該動物必須沒有臭味。

2.一架飛機通常只接受一隻動物在機艙內，寵物加上籠子重量不超過五公斤，長寬高不超過一百一十五公分。

3.該動物必須準備好相關文件，如進口檢疫、健康等證明。

4.若攜帶鳥類，必須用布覆蓋在籠子上，所有的寵物除水之外均不得餵食。

5.航空公司對動物在飛行途中遭受任何損傷或死亡不負任何責任。

第九章
機票價格

* 價格區隔

* 航空公司各航線票價考慮因素

* 影響個人機票票價的相關因素

　　市場區隔與票價區隔是許多企業經營之策略，各有其特性與優缺點。不可否認地，在航空市場票價區隔有其必要性，至於市場區隔在目前則無顯著急迫性。機票票價影響個人旅行意願、影響旅客搭機飛行的因素很多，商務客與觀光客的旅遊動機不同，所考慮選擇搭乘之航空公司自然互異。但不可否認地，航線與票價具有決定性之影響。雖然nonstop的航線最貴、最方便，但並不表示最受所有旅客喜愛，觀光客旅行仍以價格低廉為主要考慮因素。

第一節　價格區隔

　　所謂價格區隔是生產者將一樣相同的貨品根據不同單元以不同的價格賣給不同需求的人。例如市公車向學生及年長者收取較便宜的票價，雖然價格是根據成本而來，但價格區隔其價格的不同並非直接由不同的成本反應出來，例如大量購買可享有折扣、提早購買有優惠。同在一班機內坐在一起的兩位乘客，他們的出發地相同目的地也一樣、機艙內也享受同樣的餐飲及服務，但其所付機票價格可能相差甚鉅。採用此種價格區隔策略並非只限航空業，也非新發明，在許多行業早已實施此策略。

　　許多因素影響著航線的價格，除政治因素外又可受下列因素影響：

　　1.旅遊出發時間：如淡旺季。

　　2.搭機等級：如頭等艙、商務艙、經濟艙。

　　3.飛行時間長短：如轉機、直飛。

　　4.可停留在目的地之日期長短：如超過一定天數或停留包括一個星期六晚上。

5.機票購買地及開票地。

6.機票開票時間：如離出發時間長短，七天、十四天或二十一天。

7.同時購票一起旅行人數。

8.購票者身分：如學生、老人、旅遊業者。

除以上因素外，與航空公司的價格政策、成本結構及市場機能均有關係。此外，不同區域不同路線即使飛行距離相差無幾，價格也不同。在歐洲，長期以來每公里的機票價格比美州地區高，歐洲和亞洲之間的票價則低於歐洲和非州之間，即使在歐洲的城市之間，其價格層級也不同，有些城市間價格高有些價格低。

第二節　航空公司各航線票價考慮因素

航空公司在制定價格時，與公共汽車或火車不一樣，並非採取誰先來就先上車，價格統統一樣的制度。他們採取預訂座位的方式，藉由收益管理（Revenue Management或Yield Management）系統或載運量（Load Factor）管理法來計算如何賣掉機票才能最賺錢。目前許多航空公司採用收益管理，就是把產品按不同的價格適時地賣給不同類型的顧客，從中獲得最大利潤，因此在制定價格時，係以市場而非成本為標準；在銷售時，考慮不同顧客的不同需求，使每一航班中每一航段的每個座位都能以最好的價格出售（如圖9-1）。根據航空公司的實證，並非空位越少收益就越大。一架飛機坐滿使用折扣票的客人，這趟飛行仍可能是虧本的。航空公司利用有限制的折扣票來吸引一些不一定要坐飛機的客人，這些多屬於遊客，對票價較在乎，比較早訂位。不在乎票價的旅客屬於商務

圖9-1　長榮航空公司的票價制定流程

資料來源：《旅報》，148期，頁9，1997年3月1日。

客，他們通常比較晚訂位，能接受較高的價格。如果航空公司早早就將機位以低價賣掉，臨時要票的旅客可能因買不到機票而誤事，而航空公司也沒賣到好價錢，因此，實行多艙管理及多級票價，可適時賣出一部分折扣票減少空位數，又可滿足較晚訂位旅客的需求，並賺取較高的票價。

　　Revenue Management與Yield Management計算方式不一樣。Revenue Management強調每一座位每公里或英里所創造的收入，其計算方法是總收入除以座位總數與總飛行公里之值，即總收入÷（座位數×總飛行公里）。而Yield Management則強調每一個乘客每公里或英里所創造的收入，其計算方式是總收入除以乘客總數與

總飛行公里之值，即總收入÷（乘客總數×總飛行公里）。由於飛機起飛的成本是固定的，多載運一個客人的成本增加極為有限，而多增加一個客人的收入卻相當可觀，因此使用Revenue Management須考慮價格及座位，對於航空公司較能反映出較佳的經濟效益。

　　航空公司在開發新的航線後，如何決定該航線座位的票價，受到下列因素的影響：

1.兩地往來旅客數量及未來發展。
2.航空公司每星期的飛行班次、載客量以及競爭程度。
3.在航線上使用之機型及容量。
4.機艙內擬提供之服務等級及數量，如頭等艙、商務艙、經濟艙，以及優待票或特別票。
5.決定損益平衡點，一個班次需賣多少個位子才能損益平衡，在固定航線的班機是50%～60%之間。

　　定期航空機位的銷售常以鼓勵提早訂位的方式來吸引旅客，低廉的票價（APEX）被使用在許多航線的經濟艙上，隨著提早訂位的時間不同，票價也有差距，當然這種票價在數量上也是有限制的，會隨著旺季來臨而減少。旅行社團體訂位，票價之所以較低，除了適用團體價格外，也因團體提早訂位得以享受低價優惠。近來不少航空公司採用團體營收管理系統，利用電腦將過去淡旺季機位分配狀況及載客狀況，自動評估未來每一航班機位供給需求，使機位分配能得到最大營收。例如在機位需求大時，電腦可能會拒絕團體加訂機位或要求旅行社加碼以取得機位。

　　此外，由於空中交通流量變化很大，很容易受到出發地經濟興衰或目的地政治是否安穩的影響，這些不確定因素會使得航空公司以承租的方式來取代購買新機。有些航空公司專門從事購買新機來租給其他航空公司，他們常用濕租（Wet Leases）的方式，所謂

「濕租」即除了租用飛機外也包含操作的機組人員,飛機可以塗上租用公司所想要的標誌或圖案。

第三節　影響個人機票票價的相關因素

　　航空公司提供的產品,在競爭激烈的航空市場呈現非常多樣化,已經不再單獨根據飛行的距離來決定機票票價。反之,現今的機票票價受到:(1)飛行行程種類;(2)機票之種類;(3)飛行方式;(4)機艙服務等級的影響。

一、飛行行程種類

(一)單程行程（One Way, OW）

　　由出發地到目的地,沒有再回到出發地。如:

TPE→LAX

TPE→LAX→NYC

(二)來回行程（Round Trip, RT）

　　由出發地到目的地再回到原出發地。如:

TPE→LAX→TPE

TPE→HNL→DEN→HNL→TPE

(三)環遊行程（Round-the-World, RTW）

　　具有來回行程的特性,但去程與回程經過的城市不同。如:

MSP→SEA→LAX→MSP

TPE→SIN→LON→BKK→TPE

(四)開口式行程（**Open Jaw**）

　　開口式行程本身具有來回或環遊行程的特質，只是有部分行程是包含陸上旅行或非空中旅行。

　　開口式行程可分為兩種：

1.單開口式行程（Single Open Jaw）：其開口地方可在折返點。如：

　　或開口地方在出發城市與目的地城市，如：

2.雙開口式行程（Double Open Jaw）：開口的地方在兩邊，一邊是在折返點的地方，一邊在出發城市與目的地城市之間，如：

二、機票之種類

航空機票種類繁多，可依使用者年齡、使用時機、運輸限制等而有不同的待遇及價格，大體上可將各種不同條件的機票分成三大類：普通票、優待票和特別票。

(一)普通票

也可稱為標準的全票，從開始旅行日起一年有效。購買者必須年滿十二歲以上，支付適用於旅行票價之全額，其艙等為頭等艙的F或P，或超音速客機的R、商務艙的C或J、經濟艙的Y或S。普通票使用時通常沒有太多限制條件，可以退票而不需受到罰款，沒有使用季節、時段的限制，不需有最少停留天數的限制，可以允許中途停留。

(二)優待票

以普通票為準而打折扣的票價，依使用者身分不同而有不同的折扣優惠。

■兒童票

凡是滿二歲未滿十二歲的旅客與購買全票之監護人搭乘同一班飛機、同一等艙位，即可購買兒童票，如同全票占有一座位，享有與全票同樣的免費托運行李。在美國，主要的航空公司針對兒童收取其適用全票的67%，如果旅遊行程全位在TC3也收取67%，某些航空公司對兒童則收適用全票的50%，旅客在買票前最好事先詢問該公司針對兒童收取的標準。基本上如果兒童獨自旅行，需付全

額的機票費用。當兒童在出發旅行當天滿十二歲時，視同成年人，必須購買全額機票，但如果在使用第一張搭乘聯後才滿十二歲，則不需買全額機票。至於國內線，則各國規定不一，台灣國內線為50%。

■嬰兒票

所謂嬰兒乃是指出生後未滿二歲的小孩，由其監護人陪同搭乘同一班機、同一等艙位、不占機位，即可購買適用全票10%的機票。其年齡以旅行日為準，旅行當日如果滿二歲，則需付兒童票，如果於旅途中超過二週歲時，則不需補票。嬰兒票無免費行李，僅可攜帶搖籃及嬰兒用品，在機上一般均有供應搖籃及嬰兒用品，如奶粉等，但須事先申請，航空公司可在機上免費提供固定的小嬰兒床。每一旅客只能購買一張嬰兒票，如果帶超過一位嬰兒時，第二個嬰兒必須購買兒童票（嬰兒若獨自旅行，必須有送機及接機者，且必須付費請空服員陪伴照應）。三個月以下嬰兒，各航空公司均不接受獨自旅行。

嬰兒票在國際航線收取10%，至於國內線則各國不一，台灣國內線收取10%，美國國內線嬰兒免費；到美國計算嬰兒票：(1)當橫渡太平洋時，計算到舊金山（不管行程是否到舊金山）收全額10%；(2)當橫渡大西洋時，則計算到蒙特婁或波士頓，二者比較取票價低者，收取全額10%；(3)當由南美洲到美國，以計算到邁阿密，收取全額10%。

■領隊優惠票

航空公司為了協助旅行代理商向大眾招攬團體能順利進行，對帶團的領隊提供優惠票，根據國際航空運輸協會（IATA）規定：

1.十至十四人的團體，可享有半票一張。

2.十五至二十四人的團體，可享有免費票一張（Free of Charge, FOC）。

3.二十五至二十九人的團體，可享有免費票一張、半票一張。

4.三十至三十九人的團體，可享有免費票二張。

■代理商優惠票

　　針對有販售機票之旅行代理商服務滿一年以上的職員，可視情況申請75% Off的優惠機票，亦即僅付全票的25%，一般稱1/4票或Quarter Fare。根據IATA規定，每個代理營業所每年只能購買二張，效期自發行日起三個月有效，其目的是協助業者出國考察增加業務知識。

■老人票

　　各國對老人之年齡限制不同，優惠票價各異，我國針對六十五歲以上中華民國國民，國內線可購買50%的優惠機票。

(三)特別票

　　航空公司在淡季或針對特定航線、特定日期、人數，為鼓勵度假旅行或基於其他理由所提出的機票優惠，如旅遊票、團體全備旅遊票、APEX Fare等。

■旅遊票

　　航空公司所推出之旅遊票都會有一些旅遊上的限制，可能包含：

1.限制最低、最高停留天數。

2.限制使用的季節及時間。

3.必須提前一段時間購票。

4.停留城市的限制。

5.不可退票，如果要退票需付退票費。

基本上旅遊票有效期限依票而異，但必須是購買來回票。如：

AB　　提早購買最低的超級旅遊票

AN　　不能退的旅遊票

EE　　標準旅遊票

PX　　立即購買旅遊票

YHE1Y　　Y艙，旺季使用，旅遊票有效期限一年

BLE3M　　B艙，淡季使用，旅遊票有效期限三個月

■團體全備旅遊票

指團體包辦式旅遊，必須達到特定人數，每人才能享受特定程度的優惠。例如GV25、GV10。「GV」表示團體全備旅遊票，「25」表示至少需二十五人以上。

■APEX Fare

這是所有機票中價格最便宜的一種，同時使用限制最多，必須在出發前提早購票，中途不可以停留，必須買來回票，由出發日開始算起有效期間為三至六個月。在機票的「FARE BASIS」欄有時以AP來表示。如：

YLAP21　　Y艙，旺季使用，二十一天前提早購買

BOWAP　　B艙，淡、旺季之間使用，限週末使用，必須提早購票

三、飛行方式

旅客的空中旅行會受到航空公司的既定飛行航線影響，其飛

行方式可分為直飛、不停留及轉機三種。

(一)直飛（**Direct Flight**）

直飛是旅客使用同一航空公司、同一班機號碼，由出發地飛到預定停留的城市或目的地，在飛行途中可有一站或一站以上的停留，此停留可讓旅客登機或下機離開，但其他乘客不下機休息。但實際上，有時因暫停時間較長，航空公司會讓旅客下機等候。如旅客搭SQ12班機由台北直飛到倫敦，途中停新加坡載客或卸客，但由新加坡到倫敦仍使用SQ12班機，該停留城市新加坡並未出現在機票上面。

(二)不停留（**Non Stop Flight**）

不停留指旅客使用同一航空公司、同一班機號碼，由出發地直飛到預定停留的城市或目的地，途中沒有作任何停留。這種飛行最快、最節省時間，較受歡迎，可避免轉錯機的困擾。

(三)轉機（**Connection Flight**）

轉機指旅客的空中旅程被中斷，需暫停一個或一個以上的城市，且使用不同的航空公司，或是相同的航空公司、不同的班機號碼，通常此種飛行方式耗時，但票價較便宜。轉機可分兩種型態：

1. On-line Connection：旅客由出發地到目的地，途中需轉機，旅客前後使用同一家航空公司，但不同的飛機及班機號碼。
2. Interline或Off-line Connection：指一個飛行行程中，旅客使用兩家或兩家以上不同的航空公司，採用不同的飛機及班機號碼。

四、機艙服務等級

機艙內的服務等級端視旅客購買搭乘的艙別，不同的艙別，航空公司提供不同的服務，此服務可依座位舒適、餐飲、娛樂和服務品質來區分，旅客所付的價格自然不同。大型的飛機所提供的艙別較多，一般分為頭等艙、商務艙及經濟艙（長榮航空例外，機艙分為四級，另提供長榮客艙，係介於商務艙及經濟艙之間）。以西北航空從台北→洛杉磯為例，F艙需台幣十萬八千元，C艙五或六萬元，Y艙二或三萬元。最貴的艙等是協和號的R艙，約是頭等艙費用的0.5倍（已停飛）。

(一)頭等艙（**First Class**）

座位寬敞、舒適，幾乎可躺平，前後椅距六十二英寸以上，座位排列2-2-2。餐飲精緻，旅客可自由選擇，使用高級的瓷盤，享受空服員仔細的照顧，且享有使用貴賓室的權利及優先上下飛機的權利。華航頭等艙引進了波音公司概念客艙的設計，規劃十二個具有個人空間的頭等艙，有三位專屬服務的空服員。2005年獲得國際航空調查機構（**Skytrax**）五顆星的最高評價，與國泰、新加坡航空等知名航空公司並列第一。

(二)商務艙（**Business Class**）

價格低於頭等艙，有時比照經濟艙原價，服務介於頭等艙與經濟艙之間，有多種主食可任選一種，使用高級餐巾、餐具，座位寬敞、舒適，有較大的座椅斜度。B747商務艙座位排列為2-3-2或2-2-2，前後座間距為四十八至五十英寸，較經濟艙3-4-3前後間距

三十六至四十四英寸寬敞多了。

(三)經濟艙（**Economic Class**）

費用最低，得到的照應最基本，使用美耐皿，一人一份的餐盒，食物選擇性低，座位排列較擠，空服員與乘客比例約1：30至1：40。

第十章
時差與時間換算

＊時　差

＊日光節約時間

＊時間換算及飛航時間計算

雖然每一個地區均有固定的時差，但由於有部分地區（尤其是一些歐美國家），另外再實施夏令節約時間，於某個時間（每一國家實施日期不一定一致）將時間撥快一個小時，也因此造成時間之計算更加複雜，除了要知道時差外，尚須知道該地區是否有實施夏令節約時間，及何時開始？何時終止？南半球又與北半球在實施上有些不同。

第一節　時　差

地球由北到南共分成三百六十個經度，其表面共畫分成二十四個時區，每一個時區十五度，每時區相差一個小時。由格林威治子午線開始算起為零度，此線經過英國位於倫敦的格林威治國立天文台，此地的時間稱為格林威治時間或世界標準時間（Greenwich Mean Time，簡稱G.M.T）。倫敦格林威治天文台所使用的原子鐘已失效，已由環球時間所取代，或稱斑馬時間，其與格林威治時間只是名稱不同。由G.M.T往西延伸（到美國）為減小時，一直到－12小時、180度為止；往東延伸（經歐洲、中東到亞洲）為加小時，一直到＋12小時、180度的國際換日線（International Date Line）相會合。搭船或飛機經過國際換日線時，時間會有重大改變，往東走多一天（譬如7月21日會變成7月20日），往西走則少掉一天（7月21日變成7月22日）。

當地時間（Local Time）指某一個地方當時的時間。在航空時刻表裡所呈現的出發時間及抵達時間均指當地時間，並非完全以出發城市為主，而是指出發城市當時的出發時間，而抵達時間則指抵達城市當時的時間。因此時間必須經過換算才能算出正確的飛行時間，要換算時間則必須先知道當地時間與格林威治時間的差別。基

本上每個時區是相差一個小時，但也有例外的，如印度的斯里蘭卡為＋5.5，加拿大的紐芬蘭省為－3.5，分隔時區的經線並非直線，為了避免人口密集區時差不同造成的困擾，它成曲線分布，經過人煙罕至的地區。

　　時區的分布因國而異，以經過倫敦的G.M.T為準，為標準時間。整個英國為0，台灣為＋8（亦即英國凌晨1點時，台灣為同一天的早晨9點）。世界上占最多時區的前蘇聯，由＋3到＋12，其橫跨十個時區，其次是加拿大，由－3.5到－8，及美國由－5到－10，共跨六個時區，澳洲大陸本土為＋8到＋10，印尼為＋7到＋9。基本上領土越大（東西越寬）所跨時區越多，但唯一例外的是中國大陸，只跨一個時區，所有的地區、城市均為＋8。**表10-1**為一些主要國家、城市與G.M.T相差的時區。

第二節　日光節約時間

　　日光節約時間最初的實施，主要是因為早年由於世界曾發生能源危機，為了節省能源，有心人士提議在一年之中太陽比較早升起的那段時間，將每天日常生活作息提早1小時，如此可充分利用有陽光的時間。於是世界各國紛紛於夏季來臨時採行日光節約時間（Daylight Saving Time），於午夜24時將時鐘撥快一個小時，成為隔日的1時，於是形成夏季時白晝特別長，某些地區到下午9時才天黑（如在英國6月底，9時30分天色才逐漸暗下），若靠近時區線可能產生近下午10時才天黑。絕大部分西歐國家均有實施日光節約時間，台灣曾在民國34年開始實施日光節約時間，前後中斷兩次，但在民國69年正式停止施行。

　　同時每一個國家開始實施日期也不相同。英國於3月底開始實施

表10-1 主要國家、城市與G.M.T相差的時區

主要城市國家		相差時區
東半球	紐西蘭	+12
	澳洲（+8、+9.5、+10）	
	坎培拉、雪梨、墨爾本、布里斯班	+10
	阿得雷德、達爾文	+9.5
	伯斯	+8
	關島	+10
	日本、韓國	+9
	台灣、中國大陸、香港、新加坡、菲律賓、馬來西亞	+8
	泰國、印尼（雅加達）	+7
	印度	+5.5
	阿拉伯聯合大公國（杜拜）	+4
	俄羅斯（莫斯科、聖彼得堡）、沙烏地阿拉伯	+3
	歐洲	
	希臘、埃及、芬蘭、東歐、南非	+2
	法、德、西班牙、義大利、荷、比、盧、丹麥、瑞典	+1
	英國	+0
西半球	加拿大（-3.5、-4、-5、-6、-7、-8）	
	渥太華、多倫多、蒙特利爾	-5
	卡加立、艾德蒙吞	-7
	溫哥華	-8
	美國	
	Eastern Time：紐約、波士頓、奧蘭多、亞特蘭大	-5
	Central Time：芝加哥	-6
	Mountain Time：丹佛、鹽湖城	-7
	Pacific Time：拉斯維加斯、洛杉磯、舊金山、西雅圖	-8
	阿拉斯加州	-9
	夏威夷群島	-10
	墨西哥（-6、-7、-8）	
	墨西哥市	-6
	巴拿馬	-5
	巴西（-2、-3、-4、-5）	
	里約熱內盧、巴西利亞、聖保羅	-3
	阿根廷	-3
	智利	-4
	秘魯	-5

資料來源：旅遊百科——各國時差，http://www.gloriatour.com.tw/time.shtml

日光節約時間，10月底結束；美國則於4月初開始，10月底結束；澳洲因位居南半球，夏季時分與北半球相反，因此實施日光節約時間開始於10月底，於次年3月底結束。即使一國有實施日光節約時間，也可能其國內某些地區不實施，例如美國的夏威夷、亞利桑那兩州及印第安那州的東邊則不實施日光節約時間；加拿大的薩克其萬省（Saskatchewan）也沒有實施。因此在計算時間時必須注意兩地之間的時差，以及是否有實施日光節約時間？何時開始及結束？

第三節　時間換算及飛航時間計算

一、G.M.T與當地時間的換算

世界各國均有固定的時差及標準時間，台灣比格林威治時間早八小時，以＋8來代表與G.M.T的時差，其換算方式為：

G.M.T＋（時差）＝當地時間

例1：台北時間1月12日上午**11:30**，換算成**G.M.T**時間？

解：台北與G.M.T的時差為＋8

G.M.T＋8＝11:30

G.M.T＝3:30

G.M.T的時間為同天的凌晨3:30

例2：舊金山時間1月12日下午**8:00**，換算成**G.M.T**時間？

解：舊金山與G.M.T的時差為－8

G.M.T＋（－8）＝20:00

G.M.T＝28:00

28:00－24:00＝04:00（次日）

G.M.T的時間為1月13日凌晨4:00

例3：台灣時間**8月20日**上午**10:00**，紐約是幾點？

解：8月時美國紐約州有實施日光節約時間，原本紐約與G.M.T時
差為－5，實施日光節約時間後變為－4

台灣沒有實施日光節約時間，時差仍為＋8

G.M.T＋8＝10:00

G.M.T＝02:00

G.M.T－4＝紐約時間

02:00－4＝紐約時間

26:00－4＝22:00

紐約的時間為8月19日下午10:00

二、飛航時間計算

由於世界各家航空公司的時刻表上所載明的起飛時間及抵達
時間均為當地時間，因此在計算兩據點之間總共花費之飛行時間
（包括中途轉機或暫停），則必須考慮下列兩點因素：

1. 出發地與目的地是否同一個時區，若不是同一時區，則分別
   找出與G.M.T的時差。
2. 是否有實施日光節約時間。

將起飛地點的當地出發時間及目的地的當地抵達時間，均換
算成G.M.T的出發時間及抵達時間並相減。

例1：長榮航空**032**班機**1**月**24**日**18:20**由台北起飛，於同天**21:30**飛
抵紐約，途中於安克拉治短暫停留，其飛航總時數為多久？

解：台北＋8，紐約－5

將台北出發時間及紐約抵達時間均換算成G.M.T時間

G.M.T的出發時間

G.M.T＋8＝18:20

G.M.T＝10:20

G.M.T的抵達時間

G.M.T－5＝21:30

G.M.T＝26:30

26:30－10:20＝16:10

長榮032班機由台北飛到紐約需16小時10分鐘

（7月時台北飛到紐約，由於美國有實施日光節約時間，長榮
航空台北18:20起飛，飛行時間仍為16小時10分，但飛抵紐約
時間則為22:30）

例2：達美航空**7**月**24**日**14:45**由西雅圖起飛，於同天**22:04**飛抵亞特
蘭大，其飛航總時數為多久？

解：西雅圖－8（7月實施日光節約時間為－7）

亞特蘭大－5（7月實施日光節約時間為－4）

G.M.T的出發時間

G.M.T－7＝14:45

G.M.T＝21:45

G.M.T的抵達時間

G.M.T－4＝22:04

G.M.T＝26:04

26:04－21:45＝4:19

由西雅圖飛到亞特蘭大需4小時19分

例3：華信航空**AE802**於**1月24日12:00**由雪梨起飛，同天**18:00**飛抵
台北，其飛航總時數為多久？

解：雪梨＋10（1月實施日光節約時間為＋11）

台北＋8

G.M.T的出發時間

G.M.T＋11＝12:00

G.M.T＝01:00

G.M.T的抵達時間

G.M.T＋8＝18:00

G.M.T＝10:00

10:00－01:00＝09:00

由雪梨飛到台北需9小時

例4：國泰航空於**2月25日14:10**由法蘭克福起飛，中途在香港暫
停，於**2月26日11:40**飛抵台北，其飛航總時數為多久？

解：法蘭克福＋1

台北＋8

G.M.T的出發時間

G.M.T＋1＝14:10

G.M.T＝13:10

G.M.T的抵達時間

G.M.T＋8＝11:40＋24:00

G.M.T＝27:40

27:40－13:10＝14:30

由法蘭克福飛到台北需14小時30分

例5：英亞航空於**2月24日19:40**由台北起飛到倫敦，其飛航時間共 **16**小時**45分**，問該班飛機於何時飛抵倫敦？

解：台北＋8

倫敦＋0

G.M.T的出發時間

G.M.T＋8＝19:40

G.M.T＝11:40

G.M.T的抵達時間

G.M.T＋16小時45分＝27:85＝28:25

28:25－24:00＝04:25（2月25日）

該班飛機抵達倫敦時間為2月25日凌晨4:25

時　差

　　大多數人搭乘飛機至遠地旅行時會有「時差」（Jet Lag）的經驗，由於我們身體內生理時鐘的節奏，這些旅人跨越時區旅行時，會感到疲倦，在白天充滿了濃濃的睡意。而時差發生的原因是因為日夜節奏無法與環境的正常作息相互配合所造成的。當身體內的時間是凌晨三點時，當地的時間卻是早上八點，此時人們不但仍想睡覺，實際上睡眠也被剝奪了。

　　而有趣的是，搭乘飛機的航線與是否造成時差會有密切的關係。現在，假設你要飛往美洲，可以選擇向東飛越大平洋至美國；亦可向西經中亞、歐洲，越過大西洋而至美國。請問您覺得哪一條航線比較會產生時差經驗呢？

　　結果是，往東飛行要比往西飛行造成更大的時差。這是因為當往東飛行時，會使睡覺的時間提早來到，而我們的生理時鐘較容易延長

而不容易縮短，就像是提早起床比提早入睡容易。因此要克服向東飛行所引起的時差最好的方法就是飛行前幾天提早起床，這樣一來逐漸調整也變得比較容易，或在搭飛機時就應配合目的的時間起居，例如抵達目的的時間是晚上，在機上時就少睡。

資料來源：Klein & Wegmann, 1974.

第十一章
機票內容及使用須知

* 機票的類型與構成

* 機票內容及其說明

* 機票使用應注意事項

* 航空票務作業流程

　　機票的構成要素有四聯，每一家航空公司均有印製自己的機票，但也會加入聯運組織，使用標準化的機票以服務旅客，簡便作業手續。無論機票是屬於手寫或由電腦印出，除了些微不同外，基本上組成要件與代表內容均有其共同點，由於搭乘飛機的人口數日益增多，對於機票之了解已經不限專業人員，一般消費者也應知曉。

第一節　機票的類型與構成

　　本節將介紹機票的類型與機票的構成，以及填發機票時應注意之事項。

一、機票類型

　　機票目前有手寫機票及經由電腦再由開票機開出的機票。手開機票由人工繕寫在已印有航空公司名稱的機票；開票機開出之機票簡潔、清楚，若經由中性機票及銀行清帳計畫（Billings & Settlement Plan, BSP）所印製之機票則稱為標準化機票（中性機票），此種機票格式內容一致，可開出不同航空公司的機票，只要有授權之航空公司均可使用，比手開機票方便、清楚。無論何種款式的機票，構成要素、內容均一樣，只是在格式及位置上有些不同。

　　機票可分三大類型：

1.手寫機票：一般以國內航線使用居多。
2.電腦自動開出的機票：可分為航空公司自行印製的機票及

BSP的標準化機票。

3.ATB：電腦自動開出附有登機證的機票，ATBⅠ是沒有條碼的，ATBⅡ則是附有條碼系統的機票，這種附有登機證的機票，旅客可以減少劃位排隊等待的時間。ATBⅡ因有電腦條碼，可以減低機票遺失被冒用的機會。

二、機票的構成

一本機票內含有關運送人及被運送人之義務與權利，除了一些使用說明與規定外，機票主要由四個不同聯（Coupon）所組成，每一聯顏色不一，各有其功能與用途：

1.審計聯（Auditor's Coupon）。
2.公司聯（Agent's Coupon）。
3.搭乘聯（Flight Coupon）：分爲一張、二張（以國內線居多）及四張搭乘聯三種。
4.旅客存根聯（Passenger Coupon）。

在台灣的BSP印製機票，第一聯爲公司聯，第二聯爲審計聯，排列順序與一般不同。審計聯與公司聯應於塡妥機票後撕下來，作報表用，旅行代理店將審計聯與支票每十五日作成報表一併繳給航空公司，公司聯則由塡發機票之公司收執歸檔，至於搭乘聯與旅客存根聯則一併交給旅客，在交給旅客前要確認搭乘聯沒有撕錯。旅客在機場辦理登機手續時，應將搭乘聯與旅客存根聯一起交給航空公司，航空公司將搭乘聯撕下，再將剩餘之搭乘聯與旅客存根聯一併還給旅客，旅客應特別注意航空公司是否有不小心多撕一張搭乘聯，以免在下一站時因少了搭乘聯而無法登機。

　　一本機票，審計聯、公司聯、旅客存根聯均只有一張，只有搭乘聯因實際旅行旅客可能不只到一個城市，因此目前的設計有二張及四張搭乘聯可使用，亦即一本機票旅客可到二個或四個不同的城市去旅行，如果超過機票上面填寫的城市，則使用第二本有相同搭乘聯的機票且必須連號，沒有用完的搭乘聯則寫上「VOID」使之作廢。

　　搭乘聯本身有先後順序之號碼，第一張搭乘聯為Coupon1或FC-1，第二張搭乘聯為Coupon2或FC-2，第三張搭乘聯為Coupon3或FC-3，第四張搭乘聯為Coupon4或FC-4（均以藍色格式表示）。在使用搭乘聯時，應依照號碼順序使用，不可顛倒使用，否則航空公司有權拒絕搭載旅客。

三、填發機票時應注意之事項

1. 機票為有價證券，必須妥善保管。
2. 填機票必須使用大寫的英文字體，字跡不可潦草。
3. 避免塗改，塗改之機票無效。
4. 開立機票應按機票號碼順序填發，避免跳號。
5. 一本機票只能一人使用，且限制只能由本人使用，不可轉讓給他人使用，否則航空公司有權拒絕理賠。
6. 機票空白地方應填入「VOID」使之作廢。

機票拼錯姓名　誰該賠？

　　丁小姐打電話向旅行社訂購「台北香港重慶香港台北」的重慶來回四段票；返台時，卻遭重慶機場人員拒絕登機，理由是「機票與護照姓名不符」。

　　但她不熟識英文，又急著返台，於是聽從機場人員建議，自費人民幣1,935元（約台幣8,132元）再購買重慶飛香港機票一張，自費港幣2,049元（約台幣8,742元）購買香港飛台北機票一張，總計台幣1,6874元整。

　　事後丁小姐向消基會陳情，消基會向旅行社查詢，得到旅行社反應如下：第一，一般發生姓名X和S之間的誤植（陳情人案情），航空公司大多能通融，消費者應該在第一時刻向旅行社反應，好讓旅行社有機會協助。第二，機票訂購確認單上有註明，消費者需自行核對姓名是否正確，消費者未做好確認，也有一定比例過失。

　　消費者委託業者代辦行程或代購機票所繳交費用，已包含給業者服務費用，業者自當提供消費者值得信賴的服務。業者應校對過、正確無誤機票。但消基會提醒消費者，為使行程順利，消費者還是要仔細核對護照及機票姓名，並注意機票的種類、有效期限及相關限制規定；若是團體票，付款後通常就不可取消或要求退費，也不能增減旅遊天數；促銷票可能會有限制搭乘航空公司指定航班的情形。

　　核對機票三步驟：

1.拿到機票後馬上核對機票上的名字，和自己護照和台胞證上的名字有沒有不同，發現不同，要馬上向旅行社反應。
2.出發時間和航點也要核對，是否和原旅行計畫相符。
3.機位沒有秀OK的話，要請旅行社再確認。

資料來源：民生報／台北訊，2006.10.31。

第二節　機票內容及其說明

　　機票的格式可能因不同地區、不同航空公司發行而有不同的排列方式，但大體上不會相差太多，而且機票四聯中每一聯的格式及內容均不致變化太大（如**圖11-1**）。

說明：

❶開票航空公司或旅行社　　❷發行的航空公司　　❸重要限制條件　　❹旅客姓名　　❺各段行程　　❻中途可否停留　　❼不含稅的票價　　❽付款貨幣及金額　　❾稅　　❿含稅的票價　　⓫航空公司及旅行社間的聯絡號碼

⓬管制號碼　　⓭機票連號　　⓮出發地城市及目的地城市　　⓯訂位記錄　　⓰機票來源　　⓱開票日期　　⓲使用航空公司代號　　⓳班機號碼　　⓴艙等代號　　㉑搭機日期　　㉒出發時間

㉓訂位狀況　　㉔票價依據　　㉕搭乘聯開始使用日期　　㉖搭乘聯使用截止日期　　㉗免費行李托運量　　㉘票價計算　　㉙付款方式　　㉚機票價格核准代碼　　㉛團體代號　　㉜原始資料號碼　　㉝機票票號

圖11-1　機票範本（公司聯）及內容說明

機票內容說明：

❶PLACE OF ISSUE：此欄是由開立此張機票之航空公司或旅行社蓋鋼印以證明有效。內容包含公司名稱、地點及代號。由電腦開出之機票無須蓋鋼印或簽名，可由刷機票機直接印出，但人工開票則需由出票人直接簽名並蓋鋼印。

❷ISSUED BY：指發行此本機票之航空公司，必須填寫航空公司英文全名。

❸ENDORSEMENTS / RESTRICTIONS：指使用此機票重要限制條件。如：

‧NON-ENDORSABLE：不可背書轉讓搭乘另一家航空公司（NONEND）。

‧NON-REROUTABLE：不可改變行程（NONRTG）。

‧NON-REFUNDABLE：不可以退票，否則會課罰金或作廢（NONRFND）。

‧NON-TRANSFERABLE：不可將機票轉讓給他人使用。

‧VALID ON ×× ONLY：僅可搭乘××航空。

‧VALID ON DATE / FLIGHT SHOWN：限當日當班飛機。

‧EMBARGO FROM：限時段搭乘。

❹NAME OF PASSENGER：填入旅客的姓名，姓在前，姓與名字以「/」分開，最後加上此人之稱謂，名字有時也可以縮寫（initial）方式來表示。如：

CHANG / WANYEN MR（MRS，MS，MISS，MSTR）

CHEN / P.D.　MS

MSTR指小男孩，MISS指小女孩、少女。

（如果旅客是複姓時，中間不加空格或「－」，如：陳張→CHENCHANG）

❺FROM / TO：指旅客的行程，含出發城市、中途轉機或停留城

市，以及目的地城市，如果空格沒有填滿，則在未填的空格打入
「VOID」，指名作廢。如果位置不夠則再開立一本機票（必須
連號），第一本機票的最後城市需寫在第二本機票的第一個位
置，除非有中斷旅行可以不寫。城市要寫英文全名，不可只寫代
號（如圖11-2）。

(1)當一個城市不只一個機場時，必須註明是哪一個機場。

(2)當旅客抵達一個機場，但由同一個城市另一個機場離開時，
均必須註明抵達的機場及離開的機場，可合併寫在一起或分

圖11-2　行程範例

開填寫，但城市名字不可省略。

(3)當一個城市名字在另一州或另一個國家也有時，必須註明
該城市的州名或國名，或特別註明其城市或機場代號，如
Springfield在美國許多州均有。

(4)當旅客行程涉及使用地面交通工具時，該城市仍須填號，但
在其他資料欄寫上「VOID」，並將該無效之搭乘聯撕下與
審計聯一起繳回。如：旅客由舊金山到拉斯維加斯是使用巴
士，但由拉斯維加斯到洛杉磯是搭飛機。

❻×／○：×／○影響到機票之價格，填寫在機票上的城市如果是
轉機城市（非旅客原本計畫要停留之城市，之所以會暫停乃因航
空公司飛行路線因素）則填入「×」，如果是停留城市，亦即旅
客計畫停留的城市，則打「○」，通常「○」也可不寫，不寫即
表明是停留城市，就必須計算其價格，但「×」則不可省略。

❼FARE：指這本機票不含稅的票價。在價格前面必須註明ISO或
IATA的國家貨幣單位（參考附錄三），通常為旅行出發地或開
機票地方的貨幣單位。

❽EQUIV. FARE PD.：指Equivalence Amount Fare Paid，亦即當旅
客付款的幣值不是出發城市的幣值時，需將原本機票之價格轉換
成旅客付款的幣值及金額，其價值等於「FARE」欄內的價格，
同樣不含稅。

❾TAX：稅，含國內或國外需課徵之稅款，例如美國的出入境稅五
美元及交通稅十二美元是依附在國際線機票內。台灣的機場稅
台幣三百元則是旅客到了機場再繳交（1999年開始內含到機票
內），至於航空捐，我國已停止課徵。一般稅目可分為：離境
稅、入境稅、交通稅以及安全稅。

❿TOTAL：指機票含所有稅捐後的總價格，亦即Fare加上Taxes，
金額前必須有貨幣代號。

⓫A／L-AGT.INFO.：指Airline和Agent之間的聯絡號碼。

⓬CONTROL NO.：管制號碼，共十二位數，第十位數如果是
「4」表示人工計算票價，「5」爲自動計算票價。

⓭CONJUNCTION TICKETS：填寫機票票號欄，當一個行程停留
許多城市必須開立兩本以上機票時，將第一本機票票號填入後再
加上其他本機票的票號最後兩個數字。例如1603109234238／39
／40，同樣的號碼也要寫在第二本及第三本機票此欄上。

⓮ORIGIN／DESTINATION：填入旅客此行程的出發地城市及目
的地城市。行程的最後一個城市稱爲目的地，行程如：TPE→×
／TYO→SFO→NYC→LAX→×／TYO→TPE時，目的地也是
TPE，並非NYC，在第二本機票上的此欄其出發地與目的地也
均是TPE。在此欄的右邊則依買票及開立機票地方而填入SITI、
SOTI、SITO、SOTO四種情況之一 （依行程出發地爲準來決定
in或out，因買機票地方未必是開立機票的地方）。如：

SOTI：S→指Sale（買機票付費）

O→指Out（買機票地點不同於出發地）

T→指Ticket（開機票）

I→指In（開立機票地點在出發地）

⓯BOOKING REFERENCE：指訂位記錄。當旅行社透過電腦爲旅
客完成一個旅客訂位記錄（PNR）時，CRS（電腦訂位系統）在
檢查無誤後會回應給此PNR一個電腦代號，一個PNR可以包含數
個人或一個旅遊團。當旅客在海外作回程機位確認時，可告知此
電腦代號，航空公司職員即可透過此電腦代號很容易地知道旅客
訂位記錄，便於確認或修改行程內容。此代號有六位數，通常由
英文字母及數字所組成。

⓰ISSUED IN EXCHANGE FOR：指此本機票的來源，將原始的憑
證號碼填入此欄。例如當旅客的原始機票遺失，向航空公司申請

補發後，在新補發的機票此欄塡入被遺失的機票票號。

⑰DATE OF ISSUE：指開票日期，亦即機票生效日期，正常機票通常有效期限爲一年，由開票日開始計算。例如開票日爲2007年7月1日，則塡入01JUL07。日期先寫，以二位數表示，其次爲三個英文字母的月份縮寫，最後使用西元的最後兩位數字。

⑱CARRIER：塡入旅客飛行使用之航空公司兩個字的代號。由於市場競爭，航空公司紛紛採取合作聯盟策略，在航空公司同意下，旅客可拿別家所發行之機票搭乘另一家航空公司的飛機，航空公司之間會自己去拆帳。所以旅客可使用一家航空公司的機票而能搭乘其他數家航空公司，行李也可直接轉運，減少旅客許多不便。

⑲FLIGHT：指班機號碼。固定的航線，航空公司會給予固定的班機號碼，由於航空公司合作聯營關係，許多航空公司會使用共同班機號碼。

⑳CLASS：機艙內的艙等代號。航空公司爲了服務旅客，將機艙內畫分數個不同等級的客艙，以滿足不同旅客的需求。一般來說可分成三個等級（長榮航空除外，多一個豪華經濟艙代號YD），頭等艙設在飛機最前面，在駕駛艙之後，因離飛機引擎遠也較安靜，它的價格最高，約爲經濟艙票價的二倍，但最受航空公司禮遇，無論在服務、餐飲、艙內座椅尺寸及擺設等，均是最好的。例如貴賓室的使用、行李、優先登機服務、空姐的服務比例、使用瓷盤等較高級器皿、精緻高級且無限供應的餐飲、前後座間距較大且坐臥兩用的座椅。在頭等艙之後則是商務艙，其設置目的則是提供商務人士搭機時有個舒適、安靜、能放鬆又能思考工作的空間，其價格約爲經濟艙的一倍，設備介於頭等艙與經濟艙之間，目前最受航空公司重視。緊接著是經濟艙，座位數最多，享受的待遇不如頭等艙及商務艙，但費用最低，由於市場

的競爭壓力，經濟艙的旅客所能享受的服務也越來越好。雖然三種艙別價格各異，但即使在同一艙等，由於航空公司促銷因素，坐在一起的旅客所購買的機票費用也會差異相當大。以下所列是各艙等不同的代號，有折扣的等級在餐飲服務上並無不同，差別在機票上的使用限制。

(1)頭等艙：（P與F艙位一般設在機身最前段）

P→First Class Premium，價格較昂貴的頭等艙。

F→一般的頭等艙。

A→First Class Discounted，有折扣的頭等艙。

R→Supersonic，只限於協和號超音速班機，僅大西洋航線才有固定班次（其他為包機），票價比頭等艙還高，約為頭等艙票價的0.5倍（協和號超音速班機於2000年因意外失事停飛，復飛日期遙遙未定）。

(2)商務艙：

J→Business Class Premium，價格較昂貴的商務艙。

C→一般的商務艙。

D.I.Z→Business Class Discounted，有折扣的商務艙。

(3)經濟艙：

W→Economy Class Premium，價格較貴的經濟艙。

S.Y→一般的經濟艙。

B.H.K.L.M.Q.T.V.X→有折扣的經濟艙。

㉑DATE：搭機時當地日期及月份。日期先寫，以二位數來表示，若為個位數則前面加0，月份後寫，以每個月的前面三個英文字母表示，如03JAN。

㉒TIME：指當地班機起飛時間，以四位數字方式來表示，例如早上八時為0800，下午四時半為1630。

㉓STATUS：訂位狀況。

OK→表示機位已訂妥。

RQ→已去電要求訂位，但尚未訂妥，正在等候（Waiting）中。

SA→不能預先訂位的票，空位搭乘。亦即必須等到該班機的旅客都登機了，尚有空位，才能補位登機，因此此種機票有極大的折扣。

NS→Infant No Seat，指嬰兒無座位。

（若由⓳、⓴、㉑、㉒到㉓均未填寫，只以OPEN表示，則指旅客在這段航程尚未決定啟程日期，一旦旅客決定出發日期後，向航空公司訂位，OK後只需再貼上一張Sticker即可，Sticker的格式如同⓳項到㉓項）

㉔FARE BASIS：機票票價的依據，由一系列縮寫組成，內容包括六項要素，除第一項「CLASS」一定會顯示外，其他五項則不一定均會同時出現於此欄內，當出現時必須按順序顯示，Prime Code永遠排在第一位。

六項要素按順序如下：

(1)Prime Code：與「CLASS」欄所記載類似。

(2)Seasonal Code：季節代號。

　H→旺季。

　O→介於旺季與淡季之間，其他代號有K（第二高）、J（第三高）、F（第四高）、T（第五高）及Q（第六高）。

　L→淡季。

(3)Week Code：星期代號。

　W（Weekend）→限週末旅行，歐美等先進國家通常指週六、週日。

　×（Weekday）→除週末外的其他日子。

(4)Day Code：白天或晚上代號。「N」指夜間旅行，若無代號表示白天旅行。

(5)Fare and Passenger Type Code：使用者身分代號及票價代號。

(6)Fare Level Identifier：當同樣的票價依據可分階層時，「1」表示最高級，「2」表示第二級，「3」表示第三級。

㉕VALID BEFORE：開始可以使用此張搭乘聯之日期，在這個日期之前不可以使用此搭乘聯。

㉖NOT VALID AFTER：搭乘聯使用截止日期，亦即在這天沒有使用本搭乘聯，過了今日便失效。

航空公司發行之優惠票往往會有許多限制，價格越低限制越多。航空公司在淡季時，機位過剩，會提出促銷方案，但在淡季中可能含有數天是旺季，航空公司不希望持有優惠票之旅客在旺季使用機票，減少營收，乃對機票有最少停留及最多停留天數之限制，或者在某一段時間不可使用。在美國，星期一到星期五商務旅客忙著出差洽公，因此機票價格較高，星期六、日反而成為淡季，航空公司乃提出週末優惠機票，鼓勵人們搭機旅行。有些航空公司也會和度假區合作，推出至少要停留超過一個星期日的優惠票，希望旅客能停留在度假區久些。

㉗ALLOW：免費托運行李。航空公司對於搭乘飛機的乘客（二足歲以上），無論小孩或成年人均有免費托運行李及免費隨身行李之規定。

㉘FARE CALCULATION：票價之計算，含城市之間所搭乘之航空公司、分段票價以及匯換比率。如：

TPE NW× / TYO NW MSP NW NYC M927.39 NW× / DTT NW CLT NW× / DTT NW TPE M927.4NUC 1854.79END ROE27.705NW

「×」表示為轉機城市，M927.4NUC表示由NYC回到TPE依哩程計算法所得票價為927.4NUC。NUC為計算票價單位，其價值以美金為基礎，公告票價通常以當地貨幣及NUC為單位，計算

票價時再將之轉換爲出發地的票價。ROE爲Rate of Exchange。

㉙FORM OF PAYMENT：付款方式。

(1)CASH：表示付現或旅行支票。

(2)CHECK／AGT：以支票付款，若加上AGT表示由旅行社支票付款。

(3)信用卡付款，需先填寫信用卡種類代號，後接信用卡卡號十六個數字。

㉚APP CODE：航空公司與旅行代理店有關機票價格之核准代號。

㉛TOUR CODE：團體代號，針對團體式包辦旅遊，申購之旅行代理店獲得航空公司認可後，航空公司會給予認可代號，前面兩個字母以BT或IT表示。

如：IT8CX3PG43

(1)第一及第二個字「IT」指固定代號。

(2)第三字「8」指西元的最後一個數字，例如：2008。

(3)第四及第五個字「CX」指認可之航空公司代號。

(4)第六個字「3」指IATA所畫分的Traffic Conference 1.2.3區中的第3區，亞洲地區。

(5)第七個字以後爲航空公司所指定的特別代號，通常不會超過八個字。

㉜ORIGINAL ISSUE：填入原始資料號碼，包含航空公司代號、原始票號、發行地、日期、代理店的代號。

㉝TICKET NUMBER：機票代號，每一本機票均有票號，總共十三位數，前三個數字爲航空公司本身的代號，第四位數爲來源號碼，第五位數爲搭乘聯張數，其他數字則爲機票本身之號碼（BSP的票號則不同）。如：

106　　9412048391　4

106　　爲美國航空公司的代號（001爲AA，297爲CI，695

爲BR）

9	爲美國聯合航空來源號碼
4	表示機票爲有四張搭乘聯（2表示有二張搭乘聯）
12048391	機票本身票號
4	爲檢查號碼，防止盜印用，非票號之一。檢查號碼 計算方式爲： 9412048391÷7＝1344578341.57143 0.57143×7＝4.00001　檢查號碼爲4

第三節　機票使用應注意事項

　　機票使用有許多限制，必須注意其使用規定，以免遭受損害，基本上機票越價廉，限制條件越多。

一、塗改及無旅客存根聯

　　航空公司有權拒絕搭載塗改過之機票或僅出示搭乘聯而無旅客存根聯之旅客（團體劃位時，爲方便起見，航空公司通常會接受只出示搭乘聯）。

二、逾期之機票

　　旅客購買優惠票，必須注意其使用期效，航空公司不接受逾期之機票。如果是一年有效票，過了效期不可使用，但可申請退票。

三、機票調整

航空公司在不違反政府相關規定下，可隨時不另行通知而調價，其調價規定與一般交通運輸事業略有不同。所謂生效日期，除非航空公司另有說明，否則旅客在使用機票之第一張搭乘聯開始旅行之日期即為機票生效日期。生效日期影響到機票價格之調整，例如：

1. 2007年2月1日開始旅行，同年2月1日前機票漲價，旅客必須補漲價之差額。
2. 2007年2月1日開始旅行，3月1日回程，同年2月15日機票漲價，旅客可以不必補漲價之差額。

四、機票遺失

旅客遺失機票或搭乘聯，如能提出充分之證據，並簽署保證書，保證該遺失之機票或搭乘聯未被使用，可申請退票或免費填發新機票以代替所遺失之機票，航空公司對申請遺失機票之退票或補發會收取手續費二十至五十美元不等，其費用依各家航空公司而定，若旅客無法提出失落機票之證據，則必須以該段的票價另購新機票，否則航空公司可拒絕搭載。有些航空公司對遺失機票之乘客會要求先付款購買一張新機票，待經過三至六個月不等，確認無人盜用後會將新票價款退回。

五、退票

未使用之票根如有退票價值可於規定內申請退票,退票可分為自願退票及非自願退票。

(一)自願退票

指依旅客之意願不願使用全部或部分之機票,原則上對無折扣之機票(一年有效之票)不收退票手續費,但各家航空公司規定略有出入。至於退票之金額依情況而定,如果是屬於特惠機票,因票價低廉且又扣除已使用的航段後,票值可能所剩無幾。

(二)非自願退票

指因航空公司因素或基於安全、法律之需求,旅客未能使用其機票之全部或部分者,此種不收取退票手續費。如果機票已使用部分時,可退未使用之部分票價,或以其全部機票票價減去已使用部分票價之差額,二者比較取其較高之金額退給旅客。

六、退票之貨幣

退票應受原購買機票地政府及申請退票地政府之法令約束,一般退票幣值可依下列方式處理:

1.以付款之幣值支付。
2.以其航空公司所屬之國家幣值支付。
3.以旅客申請退票地國家幣值支付。

4.以機票上所示之原購買地支付。

七、退款之受款人

　　航空公司之退票款僅支付給予該機票或雜費支付單上所記載姓名之旅客，除非購買機票時，購買人有指定退票款之收受人。對於使用信用卡購買機票者，其退票款僅能退給該信用卡之持有人。對以先付款開機票通知單（Prepaid Ticket Advice, PTA）方式購買機票之退票時，僅可退給該PTA之付款人。至於機票逾期是否仍可申請退款，各家航空公司均有不同之規定。

八、機票效期之延期

(一)非自願延期

　　由於飛行班機改變及訂位錯誤之非自願延期，在下列情況下，航空公司會延長機票效期。

　　1.航空公司取消班機。
　　2.飛機過站不停旅客機票上所示之城市。
　　3.航空公司本身的因素致使旅客錯失轉接之班機。
　　4.航空公司無法提供旅客先前已訂妥之機位。
　　5.以不同機艙取代旅客原定之艙等。

(二)班機正好客滿時

　　當旅客在機票有效期內提出訂位搭機，航空公司無機位讓旅

客順利在有效期內搭機，機票可以延期到有同等機位的第一班有空位之班機，此延期不得超過七天，且僅適用於普通票或一年有效之機票。

(三)旅客旅途中生病

旅客於旅行途中生病，未能在機票有效期限內完成旅行，旅客本身及其直系親屬得延長機票期限，但須有醫生證明。

1.如果旅客是買一年效期機票：
   (1)可延到康復可旅行日。
   (2)病癒後可旅行，但機位客滿，可延長效期到有該等位之班機第一天止。
   (3)如果搭乘票根尚有一張以上時，得延長到醫生證明書上所載可旅行日起三個月以內為限。
2.如果旅客是買特別票：得依據醫生證明延期至旅客康復可旅行日，但無論如何效期延期不得超過旅客康復可旅行日起七天。

(四)旅客旅途中死亡

1.旅客因故於旅行途中死亡，與其同行之同伴或其直系親屬之機票有效期限可延長至完成其宗教或習俗葬禮為止，但不可超過死亡日起四十五天。
2.機票延期必須提出有效之死亡證明書，該證明書航空公司至少須保留二年。

九、機票有效期限之計算

　　普通機票自開始旅行日起一年之內有效，如果機票未經使用任何票根時，自填發日起一年之內有效。機票有效期之計算方式，以第二天為計算有效期限的第一天。

　　例如：七天有效之旅行票，如旅客在7月1日開始旅行，該機票之效期則至7月8日止。至於有效期限期滿則以其最後一天的午夜為準，但於未期滿前搭飛機，在飛行過程中期滿，只要不換班次，仍可繼續旅行。

　　1.月之計算：以旅客開始旅行日期以後之各月中的同一日期。
　　(1)三十天效期：4月1日至5月1日。
　　(2)三十一天效期：4月1日至5月2日。
　　(3)一個月效期：1月31日至2月28日或1月31日至2月29日。
　　2.年之計算：以旅客開始旅行日期以後次年的同月同日。
　　(1)一年效期：2007年1月1日至2008年1月1日。
　　(2)一年效期：2007年2月29日至2008年2月28日（依情況而定）。

十、機票不可轉讓

　　機票不可轉讓給任何第三者使用。航空公司對於被他人冒用之機票，以及被他人申請而被冒領之退票，概不負責。航空公司對因冒用他人機票，對其行李之遺失、損壞或延誤，以及因冒用而引起其私人財物之損失，概不負責。

第四節 航空票務作業流程

旅行社開票須與航空公司配合，並有一定流程。

一、接受訂位

負責航空票務作業的人員必須小心謹慎、思考周密，因為機票金額高，一旦弄錯，個人或公司將損失不貲。因此，在接受客人打電話訂位買機票時，必須問清楚客人的需求及相關重要資料，例如：英文名字（必須與護照上的一致）、出發日期及希望抵達時間、抵達城市及機場；若有小孩或嬰兒則必須問清楚出生年月日，然後交換姓名及電話號碼。訂好機位後如果是後補，必須告知旅客並詢問是否要另改時間，同時告知旅客飛航細節，例如：直飛或轉機、停留城市和時間，以及有關機票之限制，以避免因認知不同而導致事後爭執，最後告知開票日期、付款方式及電腦代號。

如果已訂好某班次位子但後來須更換日期或班機時，應先向航空公司說明原訂班機日期及名字，或先取消原訂位紀錄再重新訂位，以避免重複訂位招來航空公司負責機位人員責罵。若先前訂的位子是候補，新訂好另一個機位後必須記得取消候補位子。絕對不可在同一班機上用同一名字訂兩個候補企圖搶位子。

二、填發機票限期與訂位

機票填寫務必要小心謹慎，避免塗改、寫錯；一般旅行社常漏蓋發票章或寫錯日期、班機等。機票填寫可分為手寫及機器印票

（四連式標準機票），若寫錯須註銷說明，但旅行社須自行負擔每張退票手續費。不管是**FIT**或團體開票，均應有詳細的代收轉付收據。除非特殊狀況，一般航空公司對機位之控制及開票均有一套規定，以確保機位能有效運用。

1. 在飛機起飛前七十二小時訂位時，一旦機位訂妥後，應於班機起飛七十二小時以前填寫機票。
2. 在飛機起飛前七十二小時內訂位時，應於機位訂妥後，一個小時內填發機票。
3. 如果訂妥機位，逾時未付款填發機票，航空公司即自動取消其訂妥機位。至於其他之優惠案各有其規定。

三、機位之再確認

除非該航空公司已申明不需做再確認手續，否則旅客於旅途中，在一個城市停留七十二小時以上，應於其所訂妥下一班飛機預定起飛前七十二小時前向該航空公司報到，以電話再確認要搭乘該班機。如果旅客未再確認，航空公司可取消其已訂妥之機位，並建議後面之航空公司取消其已訂妥之機位。至於旅客停留一城市在七十二小時以內，則可以不必做再確認手續。為了提供旅客更好的服務，有一些航空公司已逐漸取消此規定，不需做再確認的動作。無論如何，旅行社須確實告知旅客同時給予當地航空公司的聯絡電話。

四、結報付款

目前BSP的銷售結報日期每月分四期，由旅行社將報表彙總，

包含銷售報表、審計票根、退票核定聯、作廢之機票、欠款通知單等，送達BSP資料處理中心，再轉交給各家航空公司。至於匯款日則為每月月底及15日兩次，旅行社須於月底或15日當天下午3：30以前將應付之票款存入BSP指定之銀行，讓銀行進行扣帳、轉帳作業。

Sydney錯寫成Sidney 德國人飛雪梨落到蒙大拿

搭機準備前往澳洲雪梨與女友相見的二十一歲德國青年古特，在透過航空公司網路訂票系統訂位的時候，誤將目的地「雪梨」（Sydney）輸入成「西德尼」（Sidney），結果在抵達距雪梨一萬三千公里之遙的美國蒙大拿州準備轉機時，才驚覺來到美洲大陸。

古特二十三日從德國出發，預計在雪梨度過四週的假期。但古特上機後，非但沒有到達南半球的炎熱澳洲，還發現自己來到寒風刺骨的蒙大拿州。

為配合澳洲夏季而一身短衫短褲的古特告訴記者說：「我真的很驚訝，但不想說什麼了。我只告訴自己，還可以經由美國飛到澳洲。」

古特所持的機票，使他經由俄勒岡州波特蘭來到蒙大拿州畢林斯。他是在準備登上一架飛往蒙大拿州東部西德尼的通勤班機時，才發現自己鑄下大錯。因為西德尼是人口只有五千人的蒙大拿州產油小鎮。

古特隨身僅攜帶一件薄夾克禦寒，等到遠在德國的父母及朋友匯來六百歐元（約台幣兩萬六千元），使他能夠買一張至澳洲的機票後，古特已經在畢林斯機場滯留了三天。

資料來源：聯合報／路透柏林，2006.12.31。

第十二章
電腦訂位系統及銀行清帳計畫

* 電腦訂位系統

* 銀行清帳計畫

航空公司電腦訂位系統（Computer Reservation System, CRS）的發展，對航空公司及旅行業者在行銷、經營、管理及旅客服務上影響甚鉅，至於旅遊業者實施銀行清帳計畫，則有助於業者在管理機票及結帳上更有效率。

第一節　電腦訂位系統

原本忙亂的航空公司訂位作業及旅行社辦公室內堆積厚重的OAG（Offical Airline Guide）、航空價目表（Air Tariff）及各種參考資料。旅行社向航空公司預訂機位須事先由ABC或OAG班機表查好預定班機，再請航空公司票務組人員算出票價，由訂位組訂位經過確認有機位後再回電給旅行社，此過程繁雜費時。隨著電腦科技的發展，航空公司專用的電腦訂位系統的發明而有突破性的改變，使得航空公司、旅行社得以簡化大量繁瑣的工作，在行政工作、業務推展、促銷方面達到最高的效率。

電腦訂位系統有兩大功能：

1.對外方面能便於航空公司或旅行社直接、迅速地提供消費者在訂定機位及開立機票的需求。
2.對內方面能讓航空公司、旅行社更有效率地處理會計、經營管理、旅客建檔及旅遊資訊流通等需求。

一、電腦訂位系統的定義與功能

電腦訂位系統是座巨大的資料庫，裡面儲存許多旅遊相關資訊，這套系統的擁有者為航空公司。航空公司藉此系統可以販賣自

己的產品及其他航空公司的產品，同時，也可以提供飯店訂房、租車、簽證、護照、戲票等相關資訊的服務及交易功能。在資訊功能方面，CRS提供的旅遊資訊是可以讓旅行社獲得最新的航空公司飛行時刻表、機位狀況、航空票價。在交易功能上讓旅行社立即訂位，由電腦上能迅速看出是否有適用之機位，並可當場將它訂下來，並可透過航空公司所設定的哩程限額或價格規定，馬上報給旅客、開立機票、開發票以及印出旅客旅行行程表。在未來CRS將能更進一步地直接讓消費者上線，進入航空公司訂位系統取得資訊及直接購買機票。

二、電腦訂位系統沿革

　　1950年代，美國的航空公司開始引進電腦當作商業用途，以解決訂位的繁瑣工作及追蹤機位銷售狀況。在一個偶然機會，美國航空公司的總裁C. R. Smith與IBM的總裁Tom Watson相遇，在談論商業問題時，Watson問Smith航空公司最頭疼的問題是什麼？Smith說是「回答旅客的電話詢問」，於是兩巨頭開始討論資料處理的應用問題，並開始兩大公司合作關係。1959年美國航空和IBM宣布合作開發成功電腦訂位系統，SABRE於焉問世，為世界最大的旅遊電腦網路和資料庫。

　　航空公司雖然有了電腦可協助訂位，但旅行社仍須透過電腦向航空公司訂位，既耗時且浪費人力。在1970年之後，航空公司乃進一步研究讓旅行社進入航空公司資料庫並直接訂位的可能性；將航空公司的電腦訂位系統裝在旅行社，此舉將可減少雙方工作人員花在電話上的時間，也可增加旅行社對顧客的服務。但是其中有一個很大的問題是各家航空公司訂位系統不同，無法相容，而且旅行社也負擔不起租用每一家航空公司的電腦終端機。這使得航空訂位

系統的發展及功能受到限制。1975年，美國最大的旅行社團體美國旅遊協會（American Society of Travel Agents）為了旅行社方便乃出面協調，提出共同開發計畫，希望能將各家航空公司的訂位系統整合，使旅行社只需購買一種系統，節省人力、財力，但歷經數次會議，各家航空公司為了自身利益爭執不下（CRS向旅行社收月租金，並可向每家航空公司收取訂位手續費；加入CRS的旅行社簽約時間長，且不可任意終止契約加入另一家CRS，否則會受到處罰，過分保障CRS的利益），該計畫終於在1976年宣告失敗。

1976年聯合航空、美國航空、環球航空開始將自己發展的CRS給旅行社使用，新研發的CRS不同於先前的訂位系統，它不但提供主要航空公司的飛行資訊，也可提供其他加入此系統的航空公司及其他旅遊相關行業的資料給旅行社。

隨著科技的演進，CRS的操作也更人性化，速度及功能也擴大許多，不需記指令即可查知班機時刻、價格及是否尚有空位。航空公司為了減少開銷，也將同時開放一般消費者進入其電腦部分系統直接訂位付費，此措施將打擊旅行社未來之營業收入。

三、CRS及主要使用的股東航空公司

(一)美國

■SABRE

美國目前有四大訂位系統，SABRE是美國最大的CRS。發起股東航空公司只有一家，即美國航空，它是目前世界最大的電腦訂位系統之一，最受旅行業者歡迎。SABRE的電腦網路系統總站設在奧克拉荷馬州的土耳沙（Tulsa）。

■Apollo

在美國Apollo僅次於SABRE，發起股東航空公司爲聯合航空，也非常受旅行社歡迎。於1993年與Galileo合併，其系統跨越北美洲、歐洲、亞洲及紐澳。

■Worldspan

Worldspan是由PARS及DATAS Ⅱ兩大系統合併而成，股東航空公司有三家，分別爲環球、西北及達美，擁有Abacus 5%的股權，是美國第三大電腦訂位系統。System One則是較小的CRS。

(二)歐洲

■Amadeus

歐洲的訂位系統也有相當的市場占有率，是歐洲所發展的CRS，於1987年成立，總部設在西班牙的馬德里，創始的四家航空公司分別爲法航（AF）、西班牙航空（IB）、北歐航空（SK）及德航（LH）。

■Galileo

Galileo也是歐洲的航空公司合股發展的CRS，於1987年成立，1993年與美國著名的旅遊經銷公司柯維耳（Covia）合併，公司總部設在伊利諾州的芝加哥，其股東航空公司包括愛爾蘭航空、加拿大航空、義大利航空、奧地利航空、英國航空、荷蘭航空、奧林匹克航空、瑞士航空、葡萄牙航空、聯合航空及全美航空（US）等十一家，其中聯合航空占38%，股份最多。目前世達資訊中心爲其台灣總代理，在台灣市場尚在積極拓展階段。

(三)其他地區

在加拿大地區有Gemini、澳洲地區有Fantasia、日本地區有Infini及Axess、由不同地區航空公司合作成立但總公司設在亞特蘭大的Gets。至於Abacus則是亞洲地區電腦訂位系統，也是亞洲地區最大的CRS，成立於1988年，總公司設於新加坡，創立目的在於促進亞太地區旅遊事業的發展、提升旅遊事業生產能力。Abacus由中華航空、國泰航空、馬來西亞航空、菲律賓航空、皇家汶萊航空、新加坡航空、港龍航空、全日空航空、勝安航空、印尼航空及長榮航空等航空公司合資，並與美國的Worldspan合作，1988年轉而加入全球數一數二的訂位系統——SABRE，此合作協定使得更名為Abacus International的先啓資訊向前邁進一大步。此一波的合作關係SABRE持有35%股權，原來的Abacus股東則持有65%的股份。台灣的旅行社使用Abacus最多，國內市場占70%以上。

Abacus的功能包含：

1.全球班機資訊的查詢及訂位。

2.票價查詢及自動票價計算及自動開票功能。

3.中性機票及銀行清帳計畫（BSP）。

4.旅館訂位。

5.租車。

6.客戶檔案儲存與查詢。

7.資料查詢系統。

8.旅遊資訊。

9.旅行社造橋（指某一個旅行社之資料可連接到其他旅行社共用）。

CRS經過多方面的革新，功能加大、效率增強，可以讓旅行業者在三秒內完成機位確認。旅行業者除了電腦及CRS外，可以不再需要在辦公室內存放任何書籍，同時減少購買旅遊書籍的開銷。旅行社使用CRS每月須付軟體使用費，CRS成了非常賺錢的工具，甚至比航空公司本身賺的還多，航空公司乃紛紛加入CRS成為其股東，CRS也不遺餘力地加強服務能力，以便吸引更多的旅行社使用其系統。

四、共同股東（Cohosts）資料分享

航空公司即使當初沒有投資CRS，但仍可參加電腦訂位系統，其加入方式有四種：

1.第一種最貴，加入航空公司，提供與股東航空公司相同的資金，旅行業者可直接訂位並可得到航空公司的回應，得到訂位代號確認機位。
2.第二種可允許旅行業者進入航空公司系統，直接訂位並可得到航空公司的回應，得到訂位代號確認機位。
3.第三種是可讓旅行業者得到加入的航空公司班機時刻表及尚餘機位數，但訂的機位需經過一段時間等候，不能馬上確認機位。
4.第四種加入費用最低，但旅行業者只能看到加入航空公司的班機時刻，無法得知是否還有機位。

航空公司以四種方式成為CRS的股東，CRS則將他們的班機時刻表放在其他競爭航空公司前，由於在電腦螢幕上一個畫面只能呈現六到八個飛行班表，根據報告指出，呈現在第一個畫面的航空公

司班表最容易被旅行業者採用，而CRS的設計通常將股東航空公司的班次優先其他航空公司放在第一畫面上，這種作法曾經引起抗議，美國的民用航空委員會於1984年作出決議，禁止訂位差別待遇情況存在，警告股東航空公司不可將其飛行時刻表優先放在第一螢幕，雖然如此，這條規定並沒有被徹底執行。

五、CRS對旅行社的影響

自從電腦訂位系統開放讓旅行社也能進入後，分攤了航空公司大量的業務，也對旅行社內部作業及市場行銷產生重大好處：

1. 增加服務效率及品質：旅行社可以一面與旅客通電話，同時進入CRS迅速完成旅客的需求，也可藉由電腦整合旅客資料，加強各分公司服務，更可與商業客戶的辦公室連線，減低聯繫成本。同時用BSP的自動開票作業，使用中性機票，透過專用的印表機印出收據、行程表及機票，可以更正確、迅速地將機票送達旅客手上。
2. 節省費用：旅行社可以節省與航空公司電話詢問、訂位的電話費用，以及訂閱OAG／ABC、TIM、Air Tariff及Hotel Index等參考書籍的費用。
3. 節省空間：CRS的資料庫內容豐富，擷取容易，可以節省儲放厚重參考資料及各式樣表格的空間。
4. 增加收入：大部分的旅行社裝了CRS後，販賣機位的時間大為縮短，一天內，旅行業者可承辦完成的業務增加，可減少人事成本、增加收益。

六、CRS使用費用

　　旅行社使用 CRS 必須支付費用，分為系統使用費及線路使用費，系統使用費係按月繳交給 CRS 系統商，費用隨租用之連線電腦設備（如電腦台數、印表機、開票機、數據機等）之多寡而增減，如硬體設備屬旅行社自有，則費用相對減少。

　　另關於線路使用費部分，依旅行社業務量，決定是否向中華電信公司申請數據專線，並按月繳交線路使用費，其計費係依使用時間收費。

第二節　銀行清帳計畫

　　銀行清帳計畫乃經過國際航空運輸協會（IATA）各會員航空公司與會員旅行社共同擬定，旨在簡化機票銷售代理商在航空業務作業、銷售、結報、匯款轉帳以及票務管理方面之手續，制定供航空公司及旅行社採用之統一作業模式，進而大幅增進業務上的效率，節省時間與精力（如圖12-1）。

　　TC-3地區最早實施BSP的國家為日本，於1971年開始，隨後澳洲、紐西蘭、菲律賓、南韓、泰國、香港、新加坡等相繼跟進，台灣則於1992年7月開始實施，IATA則於台灣設立辦事處負責BSP之推動。

一、BSP作業流程及優點

　　旅行社獲得IATA認可，取得IATA號碼之後，必須在IATA台

未實施BSP前，清帳手續繁瑣

實施BSP後

Billing and Settlement Plan

圖12-1　BSP實施前後比較圖

灣辦事處上完BSP說明會課程，才能正式成為BSP旅行社，然後向BSP航空公司申請成為其代理商（申請航空公司名版，Carriers Identification Plate, CIP），並由往來銀行出具保證函，IATA台灣辦事處將根據保證函之額度及航空公司提供之資料來審核計算機票配發量。旅行社每月分四期將機票銷售報表彙總送達BSP資料處理中心，每個月十五日及月底分兩次匯款至指定的銀行（如**圖12-2**）。

　　旅行社參加BSP之優點為：BSP未開始實施前，旅行社代售機票必須分別與各家航空公司交涉，談妥配合條件，並提供給航空公司供給之空白機票等值保障，旅行社販賣機票，必須庫存各家航空公司機票並與各家航空公司結帳，手續繁雜。BSP開放實施後，這些繁雜之事可透過CRS交由BSP集中處理（如**表12-1**），其優點如下：

圖12-2　BSP作業流程

資料來源：《旅運業務》，陳嘉隆編著。

1. 票務：使用標準化機票，實施自動開票作業可減少錯誤，節約人力。

2. 會計：(1)可簡化結報作業手續；(2)電腦中心統一製作報表；(3)一次清帳，旅行社一次繳款至銀行，再由銀行轉帳給航空公司。

表12-1　BSP實施前後比較表

項目	BSP實施前	BSP實施後
航空公司與旅行社配合情形	分散於各航空公司與旅行社自行作業	集中於BSP統一管理
開票作業	前往航空公司櫃檯等待開票	可自行訂位、開票，一氣呵成
票價計算（FIT機票）	電話聯絡航空公司票務組人員等待報票價	可自行選擇有利段點計算票價
行政報表	須準備分向各家航空公司結報之各類不同報表	只在每一結報期結束前填具一份單一的銷售結報報表
銷售結報	替每家航空公司詳細列明結報報表、個別銷售結報	將已填妥之結報報表，交予BSP集中處理後，發出統一帳單給各旅行社
銀行清帳	須向各家航空公司個別結清票款	透過指定之清帳銀行作一次結帳即可
機票配發	向各家航空公司領取空白機票	統一由BSP「機票分發處」供應標準之中性機票

資料來源：《旅運業務》，陳嘉隆編著。

3.管理：單一機票庫存，有助於機票保管之安全。

4.業務：提升旅行社效率與服務水準，建立優良、專業形象。

二、旅行社加入IATA流程

機票銷售代理商在加入BSP前，必須是IATA的會員，一旦審核通過後，由航空公司授權給機票銷售代理商CIP卡，CIP卡上有航空公司名稱、標誌與代碼，於開立標準化機票時打到機票上，使該機票生效，銷售代理商還必須有刷票機來開發機票，並將銷售代理商之商號名稱、地址及國際航協、數字、代號鐫刻於代理商名版上，此名版則固著於刷票機上，以防失落。刷票機可向製造廠商購買或租用。

三、BSP旅行社提供銀行保證書實施辦法

第一，凡參加中華民國地區銀行清帳計畫之旅行社均應依照本辦法向國際航空運輸協會提供銀行保證書，俾便配發空白機票。（定期存單亦可）

第二，立保證書人：旅行社可洽請中華民國境內合法營業之任何金融機構依照國際航空運輸協會之保證書範本，出具銀行保證書予國際航空運輸協會。

第三，保證期間：一年。

第四，保證範圍：就該旅行社在保證期間內代參加中華民國地區銀行清帳計畫之各航空公司簽發由國際航空運輸協會配發之空白機票（二聯式手動票、四聯式手動票及四聯式自動票）、雜費支付單及其他與該項票證相關之一切應付帳款及因違約而應賠付之款項，立保證書人均負連帶給付責任。

第五，保證額度：旅行社如有欠款及違約情事，致使參加中華民國地區銀行清帳計畫之各航空公司蒙受損失，立保證書人應在保證額度內負連帶賠付之責。

立保證書人一經接獲國際航空運輸協會之書面通知，當即如數給付，絕無異議，並同意拋棄先訴抗辯權。

第六，機票之配發：國際航空運輸協會依據保證函、計算平均值及業者信用額度三個方向來配發機票予旅行社；保證函以銀行所開的保證函或定期存單質權設定為主；平均值計算以總開金額除以總張數；信用額度除了相當額度保證外，亦視業者的銷售金額而定。IATA暫訂每張空白機票之平均值為新台幣一萬元整，保證金額度可放實1.1倍到1.8倍不等。例如：繳交保證金二百萬元的旅行社，若依1.1倍放實額度，則可領取二百二十張的空白機票。

第七，機票之補充：國際航空運輸協會依據旅行社機票庫存量及保證額度，繼續配發機票予旅行社。旅行社機票庫存量之計算依據下列公式：

旅行社之配票量－已向清帳銀行結清票款之票量＝機票庫存量

第八，旅行社如有嚴重違規事項，則國際航空運輸協會將立即收回所有庫存機票。

四、旅行社對保證金額度的爭議

旅行業者大部分屬於中小型企業，資金周轉壓力大，由於開立機票須押注資金，往往須預付數千萬，同時，若機票張數用完或信用額度用完必須馬上付足所領機票量之金額，旅行業者時有抱怨，希望IATA能將保證金額度放鬆，將1.8倍的上限比例再放寬。但IATA也有其立場與困難；機票每張平均金額大，旅行業者倒閉時有所聞，部分業者開票量大，萬一倒帳往往金額很高對IATA衝擊很大，有時反而會緊縮信用。

第十三章
相關憑證與常用專有名詞

* 預付票款通知

* 雜費支付單

* 相關常用專有名詞

　　旅行社或航空公司因作業需求，常使用先付款開票通知單及雜費支付單以方便旅客旅行。

第一節　預付票款通知

　　預付票款通知（Prepaid Ticket Advice, PTA）是航空公司或其旅行代理店在收到機票款後，藉由電報、郵件或其他方式告知在另一個城市的航空公司，請其針對某一個特定人或團體開立機票或其他服務。基本上，付款的人與需機票搭飛機的人各在不同的城市，此目的是方便旅客在無力購票的情況下，可請親友在另一地預先付款，旅客再去拿機票，開始其旅程。PTA不可單獨拿來當匯款目的使用，在使用PTA時，購買者必須付服務費。

　　PTA的使用涵蓋範圍有：

1.預付機票票款及稅。
2.預付超重行李費。
3.旅行途中需花費之零用金。
4.代付稅金。
5.相關意外事件花費。

　　例如：Mrs. Inge Christensen向位於哥本哈根的旅行社要求達美航空提供服務，在預付機票款DKK14890、服務費DKK200後，請該航空公司開立一張機票給位在西雅圖的Miss Ulla Christensen。達美航空收到預付款後，即開一張PTA（如圖13-1），並通知位在西雅圖的達美航空根據PTA上註明的資料開立一張機票給Miss Christensen（如圖13-2）。此張機票上的International Sale Indicator為SOTI（因在西雅圖開機票，在哥本哈根付費）。

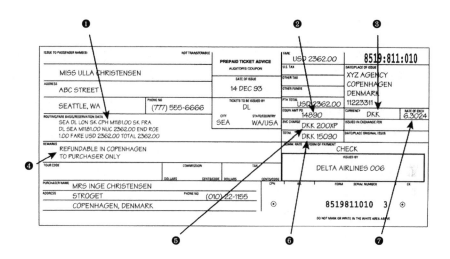

說明：

❶飛行路線及機票費用，以NUC為單位再轉換為當地幣值。

❷機票款，以丹麥的幣值Krone為單位。

❸代理通知的旅行社。

❹若辦退費，只能將退款給購買人。

❺PTA的服務費以XP表示。

❻購買者總共付給旅行社的費用。

❼銀行匯率，1美金＝6.3024DKK。

圖13-1　預付票款通知（PTA）

資料來源：*International Air Fares Construction and Ticketing*, Helle Sorensen.

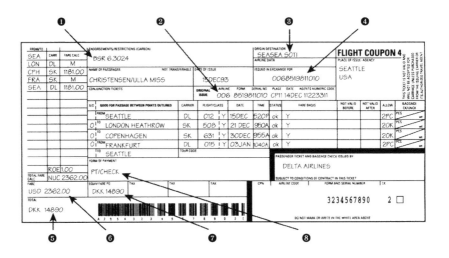

說明：

❶銀行匯率：將出發地的幣值轉換為付費地的幣值。

❷航空公司數字代號、PTA票號、地點、日期、旅行社代號。

❸International sale indicator代號。

❹航空公司數字代號及PTA票號。

❺機票款（含稅在內），以丹麥的Krone為單位。

❻機票款以美金為單位。

❼未含稅的機票款，以丹麥的Krone為單位。

❽PT指PTA的交易，Check指以支票付款。

圖13-2　根據PTA所開的機票

資料來源：*International Air Fares Construction and Ticketing*, Helle Sorensen.

第二節　雜費支付單

　　雜費支付單（Miscellaneous Charges Order, MCO）是由航空公司或旅行代理店發行的旅遊憑證，替旅客安排旅行並用來支付與旅遊有關的各項開支，使旅客在旅行時更為方便。MCO不可單獨拿來當作匯款之目的使用。

一、MCO的使用

　　MCO使用的項目涵蓋有：

1.旅客空中或地面交通運輸。

2.行李超重費用。

3.行李空運費。

4.套裝旅遊，陸上安排費用。

5.租車費用。

6.地面住宿費用。

7.額外開支。

8.超支費用或不足額款項之費用。

9.稅金。

10.訂金。

11.退款。

12.PTA（以PTA為目的使用）。

13.旅客使用額外設備之開支，如患病旅客使用氧氣、救護車或特別用品等。

14.機上臥鋪。

15.行程變更手續費、預約等各項費用。

MCO從發行日起有效期為一年，用法可分為有特定目的用法及無特定目的用法兩種。MCO的構成可分為：

1. 審計聯（Audit Coupon）：MCO的第一張，填完後撕下繳回總公司作帳用。
2. 公司聯（Agent Coupon）：填完後撕下，發行公司存查作帳用。
3. 交換聯（Exchange Coupon）：旅客使用時，需出示交換聯，以換取交換聯上所記載之服務項目，MCO有四種版本，分為一張、二張、三張或四張交換聯。
4. 旅客聯：旅客自己存查。

特定目的用法即有特定的公司提供服務項目，如使用特定的航空公司、輪船、鐵路運輸、巴士及其他陸上交通。而無特定目的用法則為MCO上沒有載明旅客需何種交通工具或何種服務。例如在「TYPE OF SERVICE FOR WHICH ISSUED」欄裡寫「FURTHER TRANSPORTATION AND OR EXCESS BAG-GAGE」。

二、MCO的填寫

雜費支付單範本見圖13-3。

① 姓先寫，後面接 /，再寫名字及稱謂，MCO除了可以記載單獨一個旅客姓名外，也可將團體旅客之姓名一併記載。

例如：SMITH / J MR / R MRS / JAM MISS.

② 載明需服務項目。

有一張交換聯的雜費支付單

有三張交換聯的雜費支付單

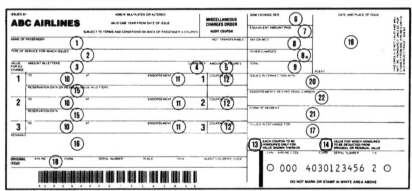

圖13-3　雜費支付單範本

資料來源：*Ticketing Handbook*, IATA, 1996.

例如：CHANGE OF RESERVATION CHARGE、TRANS-POR-
TATION AND RELATED SERVICE、PTA，如果是套裝旅遊，需
寫上旅遊名稱及團號，如FUN TOURS IT2BA12345。

③MCO的票面金額，但不含稅，必須以英文字母大寫記載，剩餘
空白位子要畫一條線，以防止遭塗改。

④出發地貨幣代號，以IATA所規定的三個英文字母代號為依據。

⑤以數字方式填寫金額，其金額需與第③項一致，若兩者金額有差
距，以第③項「AMOUNT IN LETTERS」欄所載為準。

⑥貨幣兌換比率。

⑦當付款的幣值不同於「VALUE FOR EXCHANGE」欄時，以付
款地的貨幣來表示，但價值必須與第③項相符。

⑧當地政府對發行MCO所課之稅金，以付款地的幣值表示。

⑧ａ其他費用，例如PTA的服務費、額外的稅金。以XP表示PTA的服
務費。

⑨⑦＋⑧＋⑧ａ的總金額，金額前需加付款貨幣單位。

⑩對旅客提供服務的公司及地點，如XYZ AIRWAYS
MONTREAL。

⑪及㉒背書或限制條件，如REFUNDABLE ONLY IN R.O.C.、
NOT REFUNDABLE／NOT ENDORSABLE。

⑫交換聯的價值：

　(1)特定目的用法：如果MCO在填寫時有決定使用目的，且使
用不只一張交換聯時，必須依照使用目的所需之金額，在
各交換聯上載明其需花費之費用，同時在第⑬項「EACH
COUPON TO BE HONOURED ONLY FOR VALUE SHOWN
THERE NO」欄中打上「×」的符號。

　(2)無特定目的用法：如果MCO在填寫時尚未決定使用之目的，
不需在交換聯上載明金額，只需在票面金額上載明金額數，

其金額上限爲三百五十美元，即使是以其他幣值支付，亦不能超過三百五十美元的價值。如果超過，此MCO無效（在特定目的用法，並無限制其金額）。當旅客使用這種MCO時，收受者應先計算提供服務所需之金額，然後塡入第一張交換聯之金額欄裡，並從票面金額欄之數額扣除所花費之金額，再將餘額用數字大寫塡入殘額欄（第⑮項）「RESERVATION DATA OR RESIDUAL VALUE IN LETTERS」。同時在第⑭項「VALUE FOR WHICH HONOURED TO BE DE-DUCTED FROM ORIGINAL OR RESIDUAL VALUE」欄中打上「×」的符號。

⑬在□內打上×，如果有特定目的用法。

⑭在□內打上×，如果無特定目的用法。

⑮塡入訂位資料及狀況。如果MCO是用在無特定目的用法時，則需塡入大寫的剩餘金額。

⑯塡入任何與本服務項目有關之資料。

⑰塡入原始文件的號碼，如111 4041 254345。

⑱塡入原始文件的號碼、發行地點、日期和代理店的代號，如111 4041 254345 NYC 20OCT91 99-9-99993。

⑲發行此張MCO者蓋章證明有效。

⑳塡入與此張MCO有接連的票號。如果MCO的目的是用在套裝旅遊、免稅證明、空中或陸上交通時，此欄必須塡寫。

㉑付款方式，如CASH。

雜費支付單塡寫實例見**圖13-4**。

三、其他注意事項

1.MCO若爲無特定目的用法，其可使用金額不可超過三百五十

有其他費用的雜費支付單

圖13-4　雜費支付單填寫實例

資料來源：*Ticketing Handbook*, IATA, 1996.

美元。若MCO的目的是為了Refund Only，則不在此限。

2.填MCO時必須大寫。

3.塗改過之MCO，一律視為無效。

4.沒有旅客聯只有交換聯，提供服務者可以拒收。

5.MCO之使用需按照順序，不可跳號。餘額用盡，剩下不再使用之交換聯，在填寫「VOID」後，一併與審計聯、公司聯撕下。

6.在填寫金額時，儘量靠左邊，剩餘空白部分畫一條橫線，以防塗改。

7.在「EQUIVALENT AMOUNT PAID」欄若沒填入資料，則畫一橫線。

8.若是旅行代理店發行之MCO，不可以用「無特定目的的用法」。

9.旅行代理店發行之MCO只有兩種版本，分為一張及二張交換聯。

第三節　相關常用專有名詞

　　出國旅遊或領隊在外帶團，在訂機位時，或是在機場或機內，須知道或常用到一些專用英文術語，了解這些常用到的英文名詞可以減少犯錯或損失，讓旅遊更為平順。

ABC（ABC WORLD AIRWAYWS GUIDE）　航空公司各類資料指引

ADULT FARE/FULL FARE　成人票價

AIRLINE CODE　航空公司班機代號

AIRPORT CODE　機場代碼

AIRPORT TAX　機場稅

AISLE SEAT　走道座位

BAGGAGE TAG　行李標籤

BOARDING GATE　登機門

BOARDING PASS　登機證

BOOKING/BLOCK　訂位

CHARTER FLIGHT　包機班機

CHECK-IN COUNTER　辦理登機手續櫃檯

CITY CODE　城市代碼

CLAIM　要求賠償

COPILOT　副駕駛

COCKPIT　駕駛員座艙

CONJUNCTION TICKET　連接之機票

CONNECTION　轉機

COUPONS　票根

CURRENCY CODE　各國幣值代號

DAYLIGHT SAVING TIME　日光節約時間（並非所有國家都有實施）

DESTINATION　終點站

DIRECT FLIGHT　直飛

DUTY FREE SHOP　免稅店

EARPHONE/HEADSET　耳機

ECONOMIC CLASS　經濟艙

EMERGENCY EXITS　緊急出口

ENDORSABLE　可以背書轉讓

EXCESS BAGGAGE CHARGES　超重行李費

EXCURSION FARE　旅遊票

FOC （FREE OF CHARGE）　免費票

FIRST CLASS　頭等艙

FLIGHT NUMBER　班機號碼

FREE BAGGAGE ALLOWANCE　免費託運行李額度

FULLY BOOKED　客滿

HIGH SEASON/PEAK SEASON　旺季

INITIAL　一個字的起首字母，一般first name 只報initial

LAVATORY　廁所

LIFE VEST　救生衣

LOST & FOUND　行李遺失詢問處

MINIMUM CONNECTING TIMES　最短轉機時間

NIGHT FLIGHT　夜間飛行

NON-SMOKING AREA　禁煙區

NON-STOP FLIGHT　中途不靠站

NORMAL FARE　普通票票價

NO-SHOW　沒到

OAG（OFFICIAL AIRLINES GUIDE）　航空公司各類資料
指引

OFF SEASON/LOW SEASON　淡季

ORIGIN　出發站

OVERBOOKING　超額訂位

OVERRIDE/INCENTIVE　後退金

QUARTER FARE　四分之一票

RECONFIRM　再確認

ROUND-THE-WORLD（RTW）　環遊行程

RQ（WAITING LIST）　機位尚未確認

SCHEDULED FLIHGT　定期班機

SEAT BELT　安全帶

SHOULDER SEASON　旺季與淡季間之季節

SHUTTLE FLIGHT　兩點之間的往返班機

STAND-BY　候補

STOPOVER　停留站

SUBJECT TO CHANGE WITHOUT NOTICE　如有變動不另
行通知

TARIFF　航空價目表

TRANSIT　過境

TRANSIT WITHOUT VISA　過境免簽證

UPPER DECK　上層機艙（747才有）

VALIDITY　機票效期

VOID　作廢

WINDOW SEAT　靠窗座位

第十四章
電腦訂位系統相關內容之顯示與認識

* 班機時刻顯示

* 可售機位顯示

* 旅客訂位記錄內容說明

* 機票票價及各種代號說明

　　航空公司班機時刻表、機票價格及相關條款內容之顯示，除了由OAG或時刻表可查到外，也可藉由電腦螢幕顯示出來，其內容相當複雜，有各種不同的代號，除了標準代號外，其餘則須另外向航空公司查詢，即使是旅客訂位記錄（PNR）之顯示，各家亦略有不同之處。

第一節　班機時刻顯示

　　藉由電腦訂位系統可以查出兩地之間班機時刻表，包含飛行之航空公司、起飛及抵達時間、服務艙別及機型等（如**圖14-1**）。

第二節　可售機位顯示

　　對於可售機位，是採取公平顯示所有參與的航空公司機位的作法，絕不偏頗任何一家航空公司。首先，顯示的是nonstop班機、直飛班機，接著顯示轉機班機。顯示的班機由輸入指令的時間開始顯示，且可依不同的指定（日期、時間、轉機點、艙等及航空公司）而作不同的顯示（如**圖14-2**）。

第三節　旅客訂位記錄內容說明

　　每個旅客訂位記錄必須含有五大要素才算完整之訂位記錄，每筆訂位記錄不限一位旅客，可多人或一個團體共用一個訂位記錄（如**圖14-3**）。

```
CONST AT SFO ALLOW 40MIN PRKG      ⑪              ⑫
 23APR  THU - 07MAY  THU    TPE/Z≠8     SFO/PDT-15
FOR MORE AVAILABILITY SEE OAK SFO SJC        ⑬ ⑭ ⑮
❶1UA    844 F  C  Y  B  M  H  TPESFO  100P  905A 744 DB 0 DC
            Q  V
 17APR - 04MAY
❷2UA    844 F  C  Y  B  M  H  TPESFO  100P  905A 744 DB 0 DC
            Q  V
 05MAY - 07JUL
❸3BR     18 F  C  Y  M  Q  L  TPESFO  710P  310P 74E DB 0 DC
            V  K  S  T  B  U  H
 09APR - 30JUN
4CO/BR 9698 C  Y  H  K  B  V  TPESFO  710P  310P 74E 0 TA
        ❹   ❺                ❻  ❼   ❽      ❾    ❿
```

說明：

❶航班及該航次提供之艙等

❷班次及時刻表適用時間

❸共用班機號碼之航空公司

❹班機號碼

❺該班次所提供之艙等

❻出發地

❼目的地

❽出發時間

❾抵達時間

❿使用機型

⑪台北與斑馬時間（格林威治時間）的時差

⑫台北與舊金山之時差，PDT（Pacific Daylight Saving Time），MST（Mountain Standard Time）

⑬機艙內提供之餐別

⑭停留城市數目，0表示未停，1表示停一站

⑮與CRS簽約等級

圖14-1　班機時刻顯示

資料來源：Abacus電腦資料。

```
  CONST AT SFO ALLOW 40MIN PRKG
❶  21JUL  TUE   TPE/Z≠8    LAX/PDT-15
  FOR MORE AVAILABILITY SEE BUR LAX LGB ONT SNA
  1SQ    6  P4 J4 C4 Y4 M0 TPELAX   1055P  805P 744 M 0 DCA
  2BR   16  F2 C4 Y7 M7 Q7 TPELAX   1155P  910P 744 B 0 XWS DC
           L7 K7 T7 B7 H7 V7 U           ❷  ❸❹  ❺    ❻
  3CO/BR 9012 C5 Y7 H7 K7 37 TPELAX   1155P  910P 744 0 XWS TA
           V7 Q7
  4UA   844  F4 C4 Y4 B4 M4 TPESFO   100P  935A 744 DB 0 DC
           H4 Q0 V0
  5UA   2031 F4 Y4 B4 M4 H4   LAX 5 1150A  114P 733 0 DC
  ❼❽     ❾   Q4 V4                ⓫  ⓬     ⓭
        ❿
```

說明：

❶表頭：日期、星期、出發城市與格林威治之時差、到達城市與出發城市之時差

❷飛機機型，744指B747-400

❸餐點服務：如為空白則表示無該班機餐點服務資料

   B＝早餐　L＝午餐　D＝晚餐　R＝早午餐　S＝點心　M＝餐點
   H＝熟食

❹轉機點：0表示直飛班機無轉機點，1表示停一站，2表示停兩站

❺每週飛行星期代碼

   M＝星期一　T＝星期二　W＝星期三　Q＝星期四　F＝星期五
   J＝星期六　S＝星期日

❻參與本系統之航空公司簽約等級

❼航段行數

❽航空公司代號

❾班機號碼

❿可售機艙等級及一次可訂之座位數

⓫飛機抵達或離開準時率，5表示50%至59%（十五分鐘以內為準）

⓬出發時間

⓭抵達時間

圖14-2　可售機位顯示

資料來源：《Abacus使用手冊》。

```
❶ 1.1LEE/BERNARD MR  ❼    ❽    ❾              ❿
❷ 1 NX 501Y 19AUG W TPEMFM HK1  1020A 1205P /DCNX*H3JSS
❸ 2   ARNK
   3 CZ 354Y 21AUG F CANPEK HK1   150P  440P /DCCZ*H3JSS
  TKT/TIME LIMIT
❹  1.TAW16AUG/
  PHONES
❺  1.TPE ABC TRVL 2751-0399 MS WINNY-A
  PASSENGER DETAIL FIELD EXISTS - USE PD TO DISPLAY
  TICKET RECORD - NOT PRICED
❻ RECEIVED FROM - WINNY        ⓫
  X508.X508*AWS 2053/26APR98 SPWKYD
```

說明：

❶旅客姓名

❷行程

❸城市之間交通若不搭機，則以ARNK表示

❹開票日期為8月16日

❺旅行社電話及聯絡人

❻訂位者是Winny

❼星期

❽出發地及目的地

❾一個位子OK

❿航空公司回覆之電腦代號

⓫CRS回覆之電腦代號

圖14-3　旅客訂位記錄

資料來源：Abacus電腦資料。

旅客訂位記錄五大要素：

1.旅客姓名：姓放在前面，需註明稱謂。
2.行程。
3.開票資料：註明應開票日期及機票號碼。
4.聯絡電話：含訂位者及旅客電話。
5.資料來源：訂位者姓名。

第四節　機票票價及各種代號說明

機票的計價方式依照艙等、路線、優惠狀況、使用期限等的不同而有差異，在訂位時，這些情況都必須要註明清楚；另外，在訂位時會依個人需求代訂像租車、特殊餐點、特殊服務等，如此發展了許多訂位代碼，方便使用及節省空間。

一、機票票價說明（美國地區，SABRE）

機票票價說明見**圖14-4**。

二、租車代號及說明

租車代號可分為四大類：第一類是等級（Class）；第二類是車型（Type）；第三類是自排或手排（Automatic / Manual）；第四類是冷氣（Air Conditioning）。當業者代訂租車時，可從這四大類中各選擇一個英文字代號來組合（如**表14-1**）。此表重點在讓讀者了解可選擇的車子式樣、大小及功能。

```
   FQNYCLAX17OCT-AA.
❶ ORG-NYC   DST-LAX     TRIP-OUTBOUND   CXR-AA   17OCT93   USD
❷ CO  DL  HP  MG  ML  NW  PA  TW  UA  US  YX
      QTE   F/B        BK   FARE      EFF    EXP    TKT    AP   MIN/MAX   RTG
   01  -    F          F X  1017.00   -      -      -      -    -/-       2
   02  -    C          C X   677.00   -      -      -      -    -/-       2
   03  -    Y          Y X   623.00   -      -      -      -    -/-       2
   04  -    KE7X234N   K R   338.00   -      20DE   25JL   ##   SUN/-     2
   05  -    KE7Z234N   K R   298.00   -      20DE   25JL   ##   SUN/-     2
   06  -    QXE7P50    Q R   509.00   -      -      -      ##   SUN/-     2
   07  -    QWE7P50    Q R   551.00   -      -      -      ##   SUN/-     2
   08  -    QAP7       Q X   348.00   12JL   -      25JL   7    -/-       2
   09  26JL QAP7       Q X   368.00   12JL   -      -      7    -/-       2
   10  -    HXE14N     H R   446.00   -      -      -      ##   SUN/-     2
   11  -    HWE14N     H R   488.00   -      -      -      ##   SUN/-     2
   12  -    VXE14N     V R   426.00   -      -      -      ##   SUN/-     2
   13  -    VWE14N     V R   468.00   -      -      -      ##   SUN/-     2
   14  -    B          B X   569.00   12JL   -      25JL   -    -/-       2
   15  26JL B          B X   589.00   12JL   -      -      -    -/-       2
   16  -    M          M X   477.00   12JL   -      25JL   -    -/-       2
   17  26JL M          M X   497.00   12JL   -      -      -    -/-       2
❸  2  ATL BHM BNA BTR BUR BWI CHI CMH DFW DSM EUG EWR GSO HDN
      HSV ICT IND JAN LAS LGB LIT MEM MKC MOB MSY OAK OKC OMA
      ONT PDX PHL PHX RDU RNO SAN SEA SFO SHV SJC SLC SMF BNA
      STL SWF TUL TVL WAS
```

❶出發地紐約，目的地洛杉磯，USD指票價單位為美金

❷其他航空公司也提供此票價

　　QTE：票價起售日期

　　F／B：Fare Basis

　　BK：訂位等級，X表示單程，R表示來回

　　FARE：票價，含稅在內，若是單程票價，乘以2即成為來回票價

　　EFF：Effective Date，即開始旅行日

　　EXP：Expiration Date，旅行終止日

　　TKT：開票日

　　AP：提早購票天數

　　MIN／MAX：最少停留及最高停留天數，SUN指Sunday

　　RTG：Routing Number，指由紐約到洛杉磯，中途可允許轉機的城市 （列在最
　　　　　下面行）

❸Routing Number（路線號碼）

圖14-4　機票票價說明

資料來源：Abacus電腦資料。

表14-1　租車代號

Class （等級代號）		Type （車型代號）		Automatic / Manual （自排或手排）		Air Conditioning （是否有冷氣）	
M	Mini	C	Car	A	Automatic	R	Yes
E	Economy	W	Wagon	M	Manual	N	No
C	Compact	V	Van				
I	Intermediate	L	Limo				
S	Standard	R	Recreational Vehicle				
F	Full-Size	T	Convertible				
P	Premium	S	Sports Car				
L	Luxury	F	4-Wheel Drive				
X	Special	P	Pick-Up				

資料來源：《Abacus使用手冊》。

三、各種代號及說明

(一)常用餐點代碼說明

　　以下代號乃是旅行社或航空公司人員在接受旅客訂機位、建PNR時，接受旅客於搭機時之特別要求而輸入之指令代號。如旅客因身體狀況希望搭機時吃低鹽食物，則可輸入LSML，告知航空公司這位旅客要吃低鹽餐。

代碼	說明	
AVML	亞洲素食	Asian vegetarian meal
BBML	嬰兒餐	baby meal
BLML	無刺激性餐	bland meal
CHML	兒童餐	child meal
DBML	糖尿病餐	diabetic meal
EZML	簡餐	easy meal

FPML	水果盤	fruit platter meal
GFML	無澱粉質餐	gluten free meal
HFML	高纖維餐	high fiber meal
HNML	印度餐	Hindu meal
JPML	日本餐	Japanese meal
KSML	猶太餐	Kosher meal
LCML(LCAL)	低卡洛里餐	low calorie meal
LFML(LOCH)	低膽固醇／低脂肪餐	low cholesterol meal／fat
LPML	低蛋白質餐	low protein meal
LSML	低鹽（鈉）餐	low sodium meal／no salt
MOML	回教餐	Moslem meal／Muslim
NLML	無乳糖餐	non lactose meal
ORML	東方餐	oriental meal
PRML	低酸餐	low purine meal
RVML	生菜素食餐	raw vegetarian meal
SFML	海鮮餐	seafood meal
SPML	特別餐（需加入敘述）	special meal／describe
VGML	中式素食餐	vegetarian meal／non dairy
VLML	奶蛋素食餐	vegetarian meal／milk-eggs

(二)常用設備代碼說明

代碼	說明	
WCHR	輪椅（旅客可自行上下階梯）	wheelchair／PSGR can walk up stairs
WCHS	輪椅（旅客可自行走到機位上）	wheelchair／PSGR can walk to seat

WCHC	輪椅（旅客需由人攙扶）	wheelchair / PSGR must be carried
WCBD	輪椅（電動，裝乾電池）	wheelchair / with dry cell battery
WCBW	輪椅（電動，裝濕電池）	wheelchair / with wet cell battery
WCMP	輪椅（手動）	wheelchair / manual power
WCOB	輪椅（登機）	wheelchair / on-board
STCR	擔架	stretcher assistance
BLND	盲人	blind PSGR
DEAF	聾啞	deaf PSGR
NSST	非吸菸座位	no smoking seat
MUNR	未成年少年單獨旅遊	unaccompanied minor
SMST	吸菸座位	smoking seat
FQTV	持會員卡旅客	frequent traveler
PETC	攜寵物登機	pet in cabin compartment
OTHS	其他需求	other requests
XBAG	額外行李	extra baggage
BIKE	腳踏車	bicycle
BSCT	搖籃	bassinett
BULK	巨大行李（需註明數量、重量、尺寸）	bulky baggage / specify nbr, wt, size
EXST	額外座位	extra seat
MEDA	醫療證明	medical case
RQST	要求特定座位	seat request / include specific seat nbr
LANG	註明只會說某種語言	specify languages spoken

SEMN	船員	ships crew / seaman
MAAS	需要協助與接機	meet and assist / specify
	（需註明原因）	details
NSSA	非吸菸靠走道座位	no smoking aisle seat
NSSB	非吸菸靠艙壁座位	no smoking bulkhead seat
NSSW	非吸菸靠窗座位	no smoking window seat
SMSA	吸菸靠走道座位	smoking aisle seat
SMSB	吸菸靠艙壁座位	smoking bulkhead seat
SMSW	吸菸靠窗座位	smoking window seat

附　錄

附錄一　搭機常識問答

以下問題是有關搭機常識，希望讀者在搭乘飛機時能更安全舒適。

是非題

1.搭機時，如果你攜帶了手提電腦上飛機，將之放置在座位上方的行李箱比較安全。
2.假如你是孕婦，最好要求坐在靠近飛機緊急出口的座位，因為此座位比較寬，對孕婦比較舒服。
3.飛機失壓時氧氣罩會自動落下，時間緊迫、分秒必爭，如果你有小孩同行，應先替小孩戴上氧氣罩，再戴上自己的。
4.一旦飛機爬到一定高度後不再爬升，繫上安全帶的燈熄掉，即使飛機在平穩中飛行，有經驗的乘客通常還是會將安全帶繫住。
5.飛機後面的位子比前座安全。
6.當飛機緊急降落著地，旅客須馬上離機，你應先去拿重要物品，包含身分證件、金錢，再緊急疏散。
7.在長程旅行深夜飛行時，應將窗簾拉下，但你若想看書可開自己座位上的小燈。
8.飛機降落時應將椅子拉回，恢復原狀並將椅背小餐桌回復。
9.雖然飛機上的緊急逃生門大小不同，但它們開門操作方式是相同的。
10.許多飛機機艙內裝有電話供旅客使用，但費用較貴，在飛行中

旅客如有緊急事情可用自己手機向外聯絡。

11.你不需要刻意去注意緊急逃生門的位子，因爲門上有寫字，地上也有夜間反射燈指引。

12.若機艙內冒煙，煙往上升，接近地面空氣較清潔，因此逃生時應匍伏地面前進。

13.飛機緊急降落後，應馬上離開飛機、保持安全距離並注意往來交通。

14.由於自己行李不多，有搭同班飛機的陌生者要求協助，請求幫忙托運行李，看在同是台灣來的人份上可以幫忙。

15.搭機時除了三餐外，旅客不可以向空服員要求飲料喝。

解　答

1.（No）遇到亂流可能會掉下來而砸到人。

2.（No）孕婦行動不便會影響逃生速度。

3.（No）須先讓自己有能力去協助小孩。

4.（Yes）隨時可能有亂流發生。

5.（No）沒有足夠統計數字證明。

6.（No）應馬上逃離現場免得影響別人逃生。

7.（Yes）

8.（Yes）

9.（No）不一定。

10.（No）嚴禁使用手機。

11.（No）若有濃煙視線將受阻。

12.（No）應蹲低快速離開，機上走道狹小會阻礙別人。

13.（Yes）

14.（No）你可能幫人走私毒品。

15.（No）可按燈要求飲料。

附錄二　航空公司代號（Airlines Codes）

　　要了解航空市場及旅遊資訊，必須先學習航空飛行語言，在旅遊業中含有許多不同的代號、縮寫、標示符號，了解這些術語有助於航空公司的訂位及開立機票。為了方便起見，每一家航空公司均有兩個英文字（少數航空公司是一個英文字及一個數字）的代號，用在飛行時刻表上，另外航空公司還有三個數字的代號，通常用在會計作帳上，在機票的票號最前面會加上此三個數字，以方便辨認是由哪一家航空公司開出之機票，如美國航空的代號是AA，中國國際航空代號是CA，中華航空代號是CI，立榮航空的代號是B7。

一、國際航空公司及代號

　　航空公司的代號是由航空運輸協會所制定，且經常被使用在訂位、時刻表、機票、票價表及機場上。以下所列是較知名且耳熟能詳的國際線航空公司中、英文名稱及其縮寫。

簡稱	英文全稱	航空公司
AA	American Airlines	美國航空
AC	Air Canada	加拿大航空（楓葉航空）
AE	Mandarin Airlines	華信航空
AF	Air France	法國航空
AI	Air India	印度航空

AM	Aero Mexico	墨國航空
AQ	Aloha Airlines	夏威夷阿囉哈航空
AR	Aerolineas Argentinas	阿根廷航空
AS	Alaska Airlines	阿拉斯加航空
AY	Finnair	芬蘭航空
AZ	Alitalia	義大利航空
BA	British Airways	英國航空
BI	Royal Brunei Airlines	汶萊航空
BL	Pacific Airlines	越南太平洋航空
BR	EVA Airways	長榮航空
B7	UNIAIR	立榮航空
CA	Air China	中國國際航空
CI	China Airlines	中華航空
CO	Continental Airlines	大陸航空（美國）
CP	Canadian Airlines International	加拿大國際航空
CS	Continental Micronesia	美國大陸航空
CV	Cargolux Airlines（Cargo）	盧森堡航空
CX	Cathay Pacific Airways	國泰航空
DL	Delta Air Lines	達美航空
EF	Far Eastern Airline	遠東航空
EG	Japan Asia Airways	日本亞細亞航空
EK	Emirates	阿酋國際航空
EL	All Nippon Airways	日空航空
FJ	Air Pacific	斐濟太平洋
FX	Fedex（Cargo）	聯邦快遞
GA	Garuda Indonesia	印尼航空
GE	Trans Asia Airways	復興航空

HA	Hawaiian Airliness	夏威夷航空
HP	America West Airlines	美國西方航空
IB	IBERIA	西班牙航空
JD	Japan Air System	日本航空系統
JL	Japan Airlines	日本航空公司
KA	Dragonair	港龍航空
KE	Korean Air	大韓航空
KL	KLM-Royal Dutch Airlines	荷蘭航空
LA	LAN-Chile	智利航空
LH	Lufthansa	德國航空
LO	LOT-Polish Airlines	波蘭航空
LR	LACSA	哥斯大黎加航空
LY	EI AI Israel Airlines	以色列航空
MH	Malaysia Airlines	馬來西亞航空
MI	Silk Air	新加坡勝安航空
MP	Martinair Holland	馬丁航空
MS	Egyptair	埃及航空
MU	China Eastern Airlines	中國東方航空
MX	MEXICANA	墨西哥航空
NG	Lauda Air	維也納航空
NH	All Nippon Airways Co. Ltd.	全日空航空
NW	Northwest Airlines	西北航空
NX	Air Macau	澳門航空
NZ	Air New Zealand	紐西蘭航空
OA	Olympic Airways	奧林匹克航空
ON	Our Airline	諾魯航空
OS	Austrian Airlines	奧地利航空

OZ	Asiana Airlines	韓亞航空
PR	Philippine Airlines	菲律賓航空
QF	Qantas Airways	澳洲航空
RG	Varig	巴西航空
RJ	Royal Jordanian	約旦航空
SA	South African Airways	南非航空
SG	Sempati Air	森巴迪航空（印尼）
SK	Scandinavian Airlines System（SAS）	北歐航空
SN	Sn Brussels Airlines	比利時航空
SQ	Singapore Airlines	新加坡航空
SR	Swiss Air	瑞士航空
SU	Aeroflot	俄羅斯航空
TG	Thai Airways International	泰國國際航空
TW	Trans World Airlines	環球航空
UA	United Airlines	美國聯合航空
UL	Air Lanka	斯里蘭卡航空
US	US Air	全美航空
VN	Vietnam Airlines	越南航空
VS	Virgin Atlantic	英國維京
WN	Southwest Airlines	西南航空（美國）

二、直航台灣之航空公司

以下所列是直航台灣的國際線航空公司，目前有飛到台灣或由台灣飛出去的航空公司。

直航航空公司（On-line Airlines）

簡稱	英文全稱	航空公司
AE	Mandarin Airlines	華信航空（第一航站）
BL	Pacific Airlines	越南太平洋（第一航站）
BR	EVA Airways	長榮航空（第二航站）
B7	UNI Airways	立榮航空（第二航站）
CI	China Airlines	中華航空（不含美、加、澳、日）（第一航站）
CI	China Airlines	中華航空（含關島、加拿大、澳洲及日本航線）（第二航站）
Co	Continental Airlines	美國大陸（第一航站）
CX	Cathay Pacific Airways	國泰航空（第一航站）
EG	Japan Asia Airways	日本亞細亞（第一航站）
EF	Far Eastern Air	遠東航空（第一航站）
EL	All Nippon Airways	日空航空（第二航站）
GE	Trans Asia Airways	復興航空（第一航站）
G6	Angkor Airways	吳哥航空（第一航站）
QF	Australia Airlines	澳洲航空（第二航站）
KA	Dragonair	港龍航空（第二航站）
KE	Korean Air	大韓航空（第一航站）

KL	Klm Royal Dutch Airlines	荷蘭航空（第二航站）
MH	Malaysia Airlines	馬來西亞航空（第一航站）
NW	Northwest Airlines	西北航空（第一航站）
NX	Air Macau	澳門航空（第一航站）
NZ	Air New Zealand	紐西蘭航空（第二航站）
OZ	Asiana Airlines	韓亞航空（第二航站）
PR	Philippine Airlines	菲律賓航空（第一航站）
SQ	Singapore Airlines	新加坡航空（第二航站）
TG	Thai Airways	泰國航空（第一航站）
UA	United Airlines	聯合航空（第二航站）
VN	Viet AIR	越南航空（第一航站）
3K	Jetstar Asia	捷星亞洲航空（第一航站）
5J	Cebu Pacific Air	宿霧太平洋航空（第一航站）

三、中國大陸航空公司及其代號

中國大陸民航業以民航總局所屬的六大家航空公司為骨幹，此六家分別為：中國國際航空、中國西北航空、中國南方航空、中國西南航空、中國東方航空、中國北方航空，此六家幾乎占了所有國際航線的運量，其他國內航空公司，合計共三十七家。

簡稱	英文全稱	航空公司
2Z	Chang'an Airlines	長安航空
3Q	China Yunnan Airlines	雲南航空
3U	Sichuan Airlines	四川航空
3W	Nanjing Airlines	南京航空
ZH	Shenzhen Airlines	深圳航空

CA	Air China	中國國際航空
CJ	China Northern Airlines	中國北方航空
CZ	China Southern Airlines	中國南方航空
IV	Fujian Airlines	福建航空
G4	Guizhou Airlines	貴州航空
G8	Greatwall Airlines	長城航空
JM	China General Aviation Corporation	通用航空
HU	Hainan Airlines	海南省航空
MF	Xiamen Airlines Ltd.	廈門航空
MU	China Eastern Airlines	中國東方航空
SC	Shandong Airlines	山東航空
FM	Shanghai Airlines	上海航空
SZ	China Southwest Airlines	中國西南航空
WH	China Northwest Airlines	中國西北航空
WU	Wuhan Airlines	武漢航空
X2	China Xinhua Airlines	中國新華航空
XO	Xinjiang Airlines	新疆航空
Z2	Zhongyuan Airlines	中原航空

四、台灣航空公司及代號

以下所列之航空公司是台灣地區所成立之航空公司，部分航空公司只飛國內及離島航線。

簡稱	英文全稱	航空公司
AE	Mandarin Airlines	華信航空
B7	UNI Airways	立榮航空

BR	EVA Air	長榮航空
CI	China Airlines	中華航空
EF	Far Eastern Air	遠東航空
GE	Trans Asia Airways	復興航空

附錄三　城市與機場代號 (City Codes & Airport Codes)

　　航空運輸協會將班機抵達的每一個城市均定有由三個英文字母所組成的代號,同名的城市亦各有其代號,如英國的倫敦代號是LON,加拿大的倫敦代號是YXU。在一些國際大城市往往有一個以上的機場,這些機場也都各有英文字母的代號,如英國倫敦有兩個較著名的機場分別是Heathrow機場,代號LHR,Gatwick機場代號LGW,又如美國的紐約市有三個著名的機場,分別是J. F. Kennedy國際機場,代號JFK,Newark國際機場,代號是EWR,La Guardia機場,代號LGA。有些城市與機場代號共用,有些則否,如荷蘭的阿姆斯特丹城市代號是AMS,其重要的Schiphol機場代號也是AMS,至於美國中部大城芝加哥市的城市代號是CHI,其重要的O'Hare機場代號則是ORD。這些代號必須以大寫的英文字母來表示,至於英文代號的設定並沒有一定的原則,只是加拿大地區的城市及機場代號則一律以Y開頭,如渥太華是YOW,蒙特婁是YUL,溫哥華是YVR。熟記城市代號是旅遊從業者必備的基本工作技能,若能知道一個城市內有哪些機場、離市區有多遠,則能提供旅客更好的服務,並避免錯誤的發生。

一、亞洲、中東、澳洲、太平洋地區

國名	機場名（英文）	坐落地點	機場代號
中華民國	Chiayi	嘉義	CYI
中華民國	Hualien	花蓮	HUN
中華民國	Kaohsiung	高雄	KHH
中華民國	Taichung	台中	TXG
中華民國	Tainan	台南	TNN
中華民國	Taipei	台北	TPE
中國大陸	Capital International Central（北京首都機場）	北京	PEK
中國大陸	Shuangliu	成都	CTU
中國大陸	Chang Le	福州	FOC
中國大陸	Baiyun	廣州	CAN
中國大陸	Liang Jiang	桂林	KWL
中國大陸	Xiaoshan	杭州	HGH
中國大陸	Loukou Airport	南京	NKG
中國大陸	Pudong International Airport	上海	PVG
中國大陸	Bao'an Airport	深圳	SZX
日本	Fukuoka Airport	福岡市	FUK
日本	Narita Airport（成田機場）	東京	NRT
日本	Haneda Airport（羽田機場）	東京	HND
日本	Kansai Airport（關西機場）	大阪	KIX

日本	Chubu Centrair International Airport	名古屋	NGO
日本	Naha Airport	琉球	OKA
日本	New Chitose Airport	札幌市	CTS
韓國	Cheju Airport	濟州島	CJU
韓國	Sinchitose Airport	釜山	PUS
韓國	Kimpo International Airport	漢城	SEL
韓國	Inchon International Airport（仁川機場）	漢城	ICN
香港	Chek Lap Kok International Airport（赤鱲角國際機場）	香港	HKG
澳門	Macau International Airport	澳門	MFM
泰國	Suvarnabhumi Bangkok Intl Airport（蘇凡納布機場）	曼谷	BKK
泰國	Chiang Mai International Airport	清邁	CNX
泰國	Phuket International Airport	普吉島	HKT
越南	Noi-Bai Airport	河內	HAN
越南	Tan Son Nhut Airport	胡志明市	SGN
馬來西亞	Kota Kinabalu International Airport	亞庇	BKI
馬來西亞	Kuala Lumpur International Airport	吉隆坡	KUL
馬來西亞	Penang International Airport	檳城	PEN
新加坡	Changi International Airport（樟宜機場）	新加坡	SIN
菲律賓	Mactan/Cebu International Airport	宿霧	CEB

菲律賓	Ninoy Aquino International Airport	馬尼拉	MNL
印尼	Ngurah Rai Bali International Airport	峇里島	DPS
印尼	Soekarno-Hatta International Airport（蘇卡諾哈達機場）	雅加達	CGK
印尼	Juanda International Airport（祝安達機場）	泗水	SUB
汶萊	Bandar Seri Begawan International Airport	斯里巴卡旺	BWN
新喀里多尼亞	Magenta Airport	努米亞	NOU
關島	Guam International Airport	關島	GUM
大溪地	Papeete Airport	帕佩地	PPT
諾魯	Nauru Island International Airport	諾魯	INU
馬爾地夫	Maldives International Airport	馬爾地夫	MLE
帛琉共和國	Babelthuap/Koror Airport	帛琉	ROR
馬里亞納群島	Saipan International Airport	塞班島	GSN
斯里蘭卡	Bandaranaik International Airport	可倫坡	CMB
印度	Jawaharlal Nehru International Airport	孟買	BOM
印度	Netaji Subhash Chandra Bose International Airport	加爾各答	CCU
印度	Indira Gandhi International Airport	德里	DEL
巴基斯坦	Quaid-e-Azam / Jinnah	喀拉蚩	KHI

	International Airport		
尼泊爾	Tribhuvan Internationl Airport	加德滿都	KTM
伊朗	Mehrabad International Airport	德黑蘭	THR
伊拉克	Baghdad International Airport	巴格達	SDA
約旦	Queen Alia International Airport	安曼	AMM
以色列	Ben Gurion International Airport	特拉維夫	TLV
科威特	Kuwait International Airport	科威特	KWI
巴林	Bahrain International Airport / Muharraq	巴林	BAH
阿拉伯聯合大公國	Nadia International Airport	阿布達比	AUH
阿拉伯聯合大公國	Dubai International Airport	杜拜	DXB
沙烏地阿拉伯	Dharan International Airport /King Abdul Aziz Mil	達蘭	DHA
沙烏地阿拉伯	King Khalid Airport	利雅德	RUH
埃及	El Nouzha Airport	亞力山卓	ALY
埃及	Cairo International Airport	開羅	CAI
敘利亞	Damascus International Airport	大馬士革	DAM
黎巴黎	Beirut Rafic Hariri International Airport	貝魯特	BEY
澳洲	Brisbane Airport	布利斯班	BNE
澳洲	Cairns International Airport	凱恩茲	CNS

澳洲	Melbourne International Airport	墨爾本	MEL
澳洲	Perth International Airport	伯斯	PER
澳洲	Kingsford Smith International Airport	雪梨	SYD
紐西蘭	Auckland International Airport	奧克蘭	AKL
紐西蘭	Chrischurch International Airport	基督城	CHC

二、歐洲及非洲地區

西班牙	Aeropuerto El Prat de Barcelona	巴塞隆納	BCN
西班牙	Madrid Barajas International Airport	馬德里	MAD
葡萄牙	Aeroporto da Portela de Sacavem Airport	里斯本	LIS
丹麥	Kastrup International Airport	哥本哈根	CPH
挪威	Oslo Gardermoen Lufthavn Airport	奧斯陸	OSL
瑞典	Ska-Edeby Airport	斯德哥爾摩	STO
芬蘭	Vantaa Airport	赫爾辛基	HEL
英國	Birmingham International Airport	伯明罕	BHX
英國	Heathrow Airport（希斯洛機場）	倫敦	LHR
英國	Gatwick Airport	倫敦	LGW

（蓋特威機場）

英國	Abbotsinch International Airport	格拉斯哥	GLA
英國	John Lennon Airport	利物浦	LPL
英國	Ringway/Manchester International Airport	曼徹斯特	MAN
愛爾蘭	Dublin International Airport	都柏林	DUB
匈牙利	Ferihegy International Airport	布達佩斯	BUD
羅馬尼亞	Aeroportul International Henri Coanda Airport	布加勒斯特	OTP
保加利亞	Vrajdebna International Airport	索非亞	SOF
捷克	Ruzyne International Airport	布拉格	PRG
南斯拉夫	Nikola Teslae Airport	貝爾格勒	BEG
俄羅斯	Kiev International Airport	基輔	IEV
俄羅斯	Domodedovo International Airport	莫斯科	MOW
俄羅斯	Pulkovo-2 Airport	聖彼得堡	LED
波蘭	Okecie Airport	華沙	WAW
冰島	Reykjavik Airport	雷克雅維克	REK
土耳其	Ankara International Esenboša Airport	安卡拉	ESB
土耳其	Yesilkov International Airport	伊斯坦堡	IST
希臘	Eleftherios Venizelos/Athens International Airport	雅典	ATH
義大利	Amerigo Vespucci Airport	佛羅倫斯	FLR
義大利	Malpensa International Airport	米蘭	MXP

義大利	Leonardo da Vinci/Fiumicino Airport	羅馬	FCO
義大利	Marco Polo International Airport	威尼斯	VCE
奧地利	Vienna International Airport	維也納	VIE
瑞士	Cointrin Airport	日內瓦	GVA
瑞士	Zurich Airport	蘇黎世	ZRH
法國	Roissy Charles-de-Gaulle Airport（戴高樂機場）	巴黎	CDG
法國	ORLY（奧利機場）Airport	巴黎	ORY
法國	Saint-Exupery/Satolas Airport	里昂	LYS
法國	Marignane-Provence Airport	馬賽	MRS
法國	Orly Airport	奧里機場	ORY
德國	Tegel International Airport	柏林	TXL
德國	Flughafen Konrad Adenauer Airport	科隆	CGN
德國	Flughafen Düsseldorf International Airport	杜賽道夫	DUS
德國	Frankfurt International Airport	法蘭克福	FRA
德國	Fuhlsbuttel Airport	漢堡	HAM
德國	Franz Josef Strauss Airport	慕尼黑	MUC
盧森堡	Luxembourg International Airport	盧森堡	LUX
荷蘭	Schiphol Airport	阿姆斯特丹	AMS
比利時	Zaventem Airport	布魯塞爾	BRU
摩洛哥	Mohammed V International	卡薩布蘭加	CAS

	Airport		
馬爾他	Luqa Airport	馬爾他	MLA
利比亞	Idris Airport	的黎波里	TIP
塞內加爾	Yoff Airport	達卡	DKR
肯亞	Nairobi Airport	奈洛比	NBO
南非	Johannesburg Airport	約翰尼斯堡	JNB
模里西斯	Johannesburg O.R. Rambo International Airport	模里西斯	MRU

三、美洲地區

美國	Atlanta-Hartsfield-Jackson International Airport	亞特蘭大	ATL
美國	Billings Logan International Airport	畢林斯	BIL
美國	Baltimore / Washington International Thurgood Marshall Airport	巴爾的摩	BWI
美國	General Edward Lawrence Logan International Airport	波士頓	BOS
美國	Buffalo Niagara International Airport	水牛城	BUF
美國	Chicago-O'Hare International Airport	芝加哥	ORD
美國	Dallas / Ft. Worth Airport	達拉斯	DFW
美國	Denver International Airport	丹佛	DEN
美國	Detroit Metro Airport	底特律	DTT

美國	George Bush Intercontinental Airport	休斯頓	IAH
美國	McCarran International Airport	拉斯維加斯	LAS
美國	Miami International Airport	邁阿密	MIA
美國	Minneapolis / St. Paul International Airport	明尼阿波利／聖保羅	MSP
美國	New Orleans International/ Moisant Field Airport	紐奧良	MSY
美國	John F. Kennedy International Airport	紐約市	JFK
美國	Philadelphia International Airport	費城	PHL
美國	Phoenix Sky Harbor International Airport	鳳凰城	PHX
美國	Portland International Airport	波特蘭	PDX
美國	Salt Lake City International Airport	鹽湖城	SLC
美國	San Francisco International Airport	舊金山	SFO
美國	Seattle-Tacoma International Airport	西雅圖	SEA
美國	Lambert-St. Louis International Airport	聖路易	STL
美國	Washington Municipal Airport	華盛頓特區	AWG
加拿大	Pierre Elliott Trudeau International Airport	蒙特婁	YUL

加拿大	Macdonald-Cartier International Airport	渥太華	YOW
加拿大	Jean Lesage International Airport	魁北克市	YQB
加拿大	Lester B. Pearson Airport International Airport	多倫多	YYZ
加拿大	Vancouver International Airport	溫哥華	YVR
墨西哥	Benito Juarez International Airport	墨西哥城	MEX
瓜地馬拉	La Aurora Airport	瓜地馬拉	GUA
哥斯大黎加	Juan Santamaria International Airport	聖約瑟	SJO
巴拿馬	General Omar Torrijos Herrera/ Tocumen Airport	巴拿馬市	PTY
委內瑞拉	Simon Bolivar International Airport	卡拉卡斯	CCS
哥倫比亞	El Dorado International Airport	波哥大	BOG
秘魯	Aeropuerto Internacional Jorge Chavez Airport	利馬	LIM
智利	Aerodrome A. M. Benitez International Airport	聖地牙哥	SCL
阿根廷	Ezeiza International Airport l/Ministro Pistarini	布宜諾斯艾利斯	EZE
巴西	Brasilia International Airport	巴西利亞	BSB
巴西	Antonio Carlos （Tom）	里約熱內盧	GIG

	Jobim Internacional Airport		
巴西	Aeroporto Internacional Guarulhos Airport	聖保羅	GRU
玻利維亞	El Alto Internacional Airport	拉巴斯	LPB
烏拉圭	Carrasco Internationa Airport l	蒙特維的亞	MVD

附錄四　貨幣代號

　　幣值及其代號在計算票價及機票上經常使用到，計算票價時均以NUC為計算單位，但最後須轉換成當地貨幣，各國貨幣均有由三個英文字母所組成的代號，填機票票價時除了須註明NUC的價格外，亦須轉換成購買機票地方的幣值。以下是常用的各國貨幣名稱及代號。

國家	貨幣	代號
Australia	Australian Dollar	AUD
Canada	Canadian Dollar	CAD
China	Ren Min Bi Yuan	CNY
Egypt	Egyptian Pound	EGP
Guam	Dollar	USD
Hong Kong	Dollar	HKD
India	Rupee	INR
Japan	Yen	JPY
Korea Rep.	Won	KRW
Malaysia	Ringgit	MYR
New Zealand	Dollar	NZD
Philippines	Philippine Peso	PHP
Russian Federation	Rouble	RUR
Singapore	Singapore Dollar	SGD
South Africa	Rand	ZAR

Switzerland	Swiss Franc	CHF
Taiwan	New Taiwan Dollar	TWD
Thailand	Baht	THB
United Kingdom	Pound	GBP
U.S.A.	U.S. Dollar	USD
European Union	EURO	EUR

附錄五　航空飛行相關術語與解釋

　　無論是旅客使用機票搭機，或是航空公司人員在接受旅客訂位、買票、劃位、登機飛行，或者在計算票價時，均會使用到一些相關的名詞，了解這些名詞有助於增進溝通、減少錯誤。

出發城市（Origin City）

　　指一個飛行旅程的起點城市。例如：東京→大阪→首爾→台北，東京為出發城市。

目的地城市（Destination City）

　　指一個飛行旅程的終點。例如：東京→大阪→首爾→台北→東京，東京為目的地城市。

折返點（Outward Destination）

　　折返點指一個飛行旅程中，離出發城市最遠的城市。例如：台北→東京→洛杉磯→首爾→台北，洛杉磯為折返點。

停留城市（Stopover City）及轉機城市（Connecting或Transit City）

　　在飛行旅程中，停留城市和轉機城市會影響到票價的計算。所謂「停留城市」即為旅客事先安排，自願要停留下來的城市，在機票上面會明示。在美國國內航線，不論是自願或是轉換班機，只要在一地停留四個小時以上即為停留，但是停留城市就必須付機票費用。所謂「轉機城市」或「經由城市」，亦即在一飛行旅程中，旅客並未要求停留，但因所搭乘班機飛行航線因素而停留下來之城市。如果行程中是轉機城市，旅客不需額外付費。在國際航線，旅客停留在轉機城市有可能會超過四個小時。

On-line
　　指該航空公司有提供服務的航線或城市。

Off-line
　　指該航空公司沒有提供服務的航線或城市。

Interline
　　指不論在價格、航線、城市均必須使用到兩家以上航空公司
的服務。

ETD（Estimated Time of Departure）
　　預定起飛時間。

ETA（Estimated Time of Arrival）
　　預定到達時間。

NOSUB（Not Subject to Load）
　　可以預約訂位。

SUBLO（Subject to Load）
　　不可預約訂位。

BSP（Billing Settlement Plan）
　　轉帳計畫。

PNR（Passenger Name Record）
　　旅客訂位記錄，含姓名、行程、電話、開票、資料來源及其他。

Bump
　　旅客有事先訂好機位，可是最後名字被刪除。

Over Booking
　　超額訂位，航空公司為預防旅客臨時取消訂位，造成機位剩
餘，乃實施超過機位數之訂位。

Reconfirmation

於國際航線，航空公司要求旅客在下一班飛機搭機前七十二小時，須作機位再確認的手續，否則航空公司將取消其已訂妥之機位。

Sticker

更改行程使用之空白貼紙。

No Show

旅客訂好機位後，臨時取消搭機。

Stand-by

使用免費票或高折扣票之旅客，不可預先劃位，須在機場排隊等候空位。

Open

旅客開好機票後，出發時間未定，可在機票上寫「OPEN」，待決定出發日期後，訂好機位再貼上Sticker。

Upgrade

機位升等，因某種因素旅客可由低艙等升格到較高艙等。

Downgrade

機位降等，因某些因素旅客由較高艙等降到較低艙等。

Validation

加蓋鋼印，使之有效。

Minimum Connection Time

飛機於機場最低銜接時間。由於機場設計方式不同，飛機的銜接時間各異，可分為國內線接國內線、國內線接國際線、國際線接國內線，以及國際線接國際線最低轉機時間。航空公司的銜接可分為On-line及Off-line，亦即同一家航空公司互接及不同航空公司

互接。旅遊規劃者必須注意飛機至少需要多少的銜接時間，否則會
造成旅客趕不上下一班飛機，尤其是國際線接國內線時，必須經過
驗關及檢查行李手續，時間較易延誤。

Void

使之失效。在機票上未填之空白處，應打上「VOID」使該空
白處失效。

中性機票（標準化機票）

透過BSP製作統一規格、未事先印有航空公司名稱的電腦化機
票。

ABC與OAG（Official Airline Guide）

世界性的航空時間表有ABC與OAG兩種，ABC為歐洲版，
OAG為美國版，如今ABC與OAG合併，通稱OAG，按城市第一字
英文字母排列順序，共分上、下兩本。

Air Tariff及Air Passenger Tariff

航空公司所列印之票價書。

CAB（Civil Aeronautics Board）

美國民用航空局，由五人小組所組成，此五人由總統提名，
是一個獨立並向國會負責的單位，主要是負責核定運費、票價及審
查航線。此外，對航空公司之盈餘、飛航服務等事項，有調查管理
之責。美國民用航空局通常會概略性地公布合理且有彈性的運費原
則，再由各家航空公司在此原則下個別擬定票價及運費。

FAA（Federal Aviation Administration）

美國聯邦航空署，是美國交通部內的一個部門，主要宗旨是
負責全國航空交通的安全。美國聯邦航空署工作項目可包含：

1.負責美國民航業務及貨運的督導。

2.訂定民航機的飛航標準，如民航機之設計、製造等。

3.發行所謂的「機型執照」，每一種機型在問世前必須先通過FAA的審核，並發給飛航性能執照。

4.監督飛航管制台及飛航輔助設施的操作，限制航線之交通量，如每兩架飛行中的飛機必須相互保持4.8公里的距離，以及505公尺以上的高度差。

5.制定合格飛行員的條件及測試其飛航技術。

6.制定飛機維修和檢驗的標準，如使用多少小時後引擎應拆下來維修或換個新引擎。

NUC（Neutral Unit of Construction）

NUC是一種假設貨幣，是一種計算票價的單位，其價值等於一美元。當計算一個行程的票價時，因行程涉及數個位於不同國家的城市，無法單用一國之貨幣來計算，因此在國際票價書上會列出各個城市當地貨幣（Local Currency）及NUC，以NUC相加再根據IATA所列之Rate of Exchange（ROE）轉換成出發城市之貨幣。

圖書編號：A8414

國際航空業務與票務

著　　者／張瑞奇
出 版 者／揚智文化事業股份有限公司
發 行 人／葉忠賢
總 編 輯／閻富萍
執　　編／鄭美珠
登 記 證／局版北市業字第 1117 號
地　　址／台北縣深坑鄉北深路三段 260 號 8 樓
電　　話／(02)2664-7780
傳　　真／(02)2664-7633
 E-mail ／service@ycrc.com.tw
印　　刷／鼎易印刷事業股份有限公司
 I S B N ／978-957-818-839-6
初版一刷／2007 年 10 月
定　　價／新台幣 350 元

國家圖書館出版品預行編目資料

國際航空業務與票務 / 張瑞奇著. -- 初版. --
臺北縣深坑鄉：揚智文化, 2007. 10
面；　公分

ISBN　978-957-818-839-6 (平裝)

1. 航空運輸管理

557.94　　　　　　　　　　　　　96016975